山东科技大学马克思主义学院学术著作出版基金资助出版。
相关课题：2023 年山东省高等学校青创科技支持计划"全人类共同价值研究"创新团队
（2023RW021）。

道德教育的
共同体化研究

郗凤芹　著

中国海洋大学出版社
· 青岛 ·

图书在版编目（CIP）数据

道德教育的共同体化研究／郗凤芹著 . -- 青岛：
中国海洋大学出版社，2024. 11. -- ISBN 978-7-5670
-4059-5

Ⅰ. D64

中国国家版本馆 CIP 数据核字第 2024HF5852 号

出版发行	中国海洋大学出版社
社　　址	青岛市香港东路 23 号　　　　邮政编码　266071
出 版 人	刘文菁
网　　址	http://pub.ouc.edu.cn
订购电话	0532-82032573（传真）
责任编辑	矫恒鹏　　　　　　　　　　　电　　话　0532-85902349
印　　制	日照报业印刷有限公司
版　　次	2024 年 11 月第 1 版
印　　次	2024 年 11 月第 1 次印刷
成品尺寸	170 mm×240 mm
印　　张	11. 25
字　　数	188 千
印　　数	1—1 000
定　　价	68. 00 元

发现印装质量问题，请致电 0633-8221365，由印刷厂负责调换。

前言

　　共同体化是共同体与"化"的内在结合，与社会化有着显著的区别。共同体化稳定而持久，是个体在共同体中生成的更高级的认同态度，体现了内部成员的强凝聚性与存贮于心的崇高德性。社会化具有一定的脆弱性，体现了内部成员的弱凝聚性与强烈的功利性。道德教育的共同体化重视对道德个体、道德关系的"化育"，从根本上说体现了一种关系理性，旨在通过道德教育使人们积极参与共同体生活，不仅关心他者，更拥有对社会、国家的积极关切，涵养以共同体精神为核心的公共性品质。它以人的对象性存在为前提，以人们之间的交往与对话为核心，以互助式的伦理责任为旨归。道德教育的共同体化不仅体现为共同体组织对于其成员内部的道德约束、道德规范等道德准入与退出机制，更体现为成员建基于情感层面上内生性的道德互助、共同的道德归属与不可摧毁的道德凝聚力。中国传统哲学的共在存在思想、西方哲学的主体间性理论以及马克思"真正的共同体"思想都为道德教育的共同体化提供极为宝贵的理论渊源。

　　纵观道德教育由古至今的发展历史，我们可以发现，随着社会发展的外在环境与人们内在思想动态的不断变化，并且根据对个体与社会、集体或共同体内在关系的不同理解与把握，道德教育分别经历了传统集体主义向度—个体化—共同体化的历史性演变，这也体现了一种对传统集体的肯定—否定—否定之否定的思维发展逻辑。具体来说，道德教育的传统集体主义向度是共同体化的最初形式。中国传统的伦理纲常教育与新中国成立到改革开放前的道德教育都立足于群体本位，强调"大我"优先于"小我"的价值排序，是传统集体主义的鲜明体现。道德教育的个体化是共同体化形成的必经阶段。改革开放初期，人的思想观念逐步得到解放，主体意识愈加彰显。道德教育的传统集体主义向度逐步实现向个体化的现代性转变。新时代，为应对个体化发展的诸多困境，道德教育的共同体化得以显现。

道德教育的共同体化何以必要？何以可能？何以超越？这是我们探寻它、理解它并自觉地认同它的深层理论问题。从这三个方面入手对道德教育的共同体化进行全方位的考察、诠释与论证，对于认识、厘清道德教育的本质、目的与规律具有重大的理论意义，对于整个社会的精神文明建设与思想道德建设具有重要的实践意义。

　　道德教育的共同体化作为道德教育新的发展取向，在运行过程中，并非一帆风顺，而是存在一些现实性问题与难题。将道德教育的共同体化等同于对传统道德共同体的复归，这是现实问题之一。共同体形态与共同体意识存在差距，这是现实问题之二。道德教育共同体化的实践性与创新性不足，这是现实问题之三。面临道德教育共同体化的现实之难，我们所能做并且应当去做的是了解共同体化得以运行的必要的背景条件，厘清人之为人的关系性本质，坚持对关系性的善的追求，培养相互关怀、同情和信任之类的共同体情感，塑造好的共同体生活，实现共同体形态与共同体意识的自觉有效统一，为新时代公民道德建设提供助益。在理念方面，道德教育的共同体化应坚持规范论与美德论的互济共治；在主体方面，坚持个体主体与共同体主体的双重建构；在制度方面，通过建立健全制度德育机制，发挥制度的德育价值，道德教育的共同体化旨在促进制度化生活方式的内化；在环境方面，道德教育的共同体化立足于学校、家庭与社会维度，坚持家庭命运共同体、学校共同体与社会生活共同体的德育建构的统一，鼓励受教育者通过对公共性活动的广泛参与形成良好的公共生活方式，养成以公共理性为核心的共同体精神。

　　在本书写作过程中，笔者参考了大量的文献，在此深表谢意。由于笔者能力所限，书中不足之处，恳请读者批评指正。

郗凤芹

2024 年 5 月 6 日

目 录

1.1 研究缘起及意义

1.1.1 研究缘起

  首先,思想政治教育学科始终围绕"培养什么人、怎样培养人、为谁培养人"这个根本问题来展开对思想政治教育的本质、规律、目的、方法、环境等的研究与探讨。培育时代新人是当前思想政治教育的重要使命,它是新时代、新矛盾与新理念对思想政治教育使命提出的新要求。道德教育作为思想政治教育的重要构成,在"立德树人"这一核心目标与基本要义方面与思想政治教育具有极大的相通性与内在一致性。因此,以道德教育为研究视角,以"人的培养"为研究中心,是立足于思想政治教育学科、助力思想政治教育工作、强化思想政治教育时代使命的重要环节。习近平总书记在 2018 年全国宣传思想工作会议上强调,"宣传思想工作是做人的工作的,要把培养担当民族复兴大任的时代新人作为重要职责。"时代新人既要有强烈的社会担当,又要有坚定的个人坚守。对"个体与共同体"关系的正确处理是培育担当民族复兴大任的时代新人的关键。

  其次,共同体概念古已有之。早在古希腊时期,亚里士多德就已提出人是共同体的存在物。而对于共同体化的考察却相对较少。共同体化一词最早由马克斯·韦伯在《经济与社会》一书中提出。通过对共同体化与社会化的对比分析,他厘清了共同体化的本质涵义。目前,学术界对于道德共同体、公共道德、公民道德建设的研究颇多,而对于道德教育共同体化的研究较少。梳理道德教育的发展脉络,我们可以看出,新时代道德教育对道德教育主体的互助化、道德教育方式的民主化与道德教育规则的制度化的重视、对关系理性的呼唤无不体现出"孕育、涵养、内化共同体精神与共同体意识"的共同体化。因此,对道德教育共同体化的研究具有向深处挖掘的可能。

最后,现代性问题的不断涌现使得道德教育的个体化出现合理性危机。如道德个体脱嵌、道德关系裂变与道德相对主义泛滥。公民道德领域产生了诸如诚信缺失、道德冷漠、公德失范、耻感淡薄等一系列突出问题。如何实现共同体精神对个体道德生活的重新嵌入,使个体在标准化、制度化、规范化的社会环境下能够彰显理性的自由意志,表达完整的道德诉求,以进一步达到个体善与共同体之善的有效融合,是个体化时代道德教育所面临的重要任务。由此,通过对道德教育共同体化的研究,来为个体化的道德问题提供救治方案,具有紧迫的现实必要性。

1.1.2 研究意义

(1)理论意义

个体与共同体是道德教育的重要范畴。回溯道德教育的传统集体主义向度、个体化与共同体化的历史张力,分析三者的本质区别,探寻新时代道德教育的可能模式,有利于厘清道德教育的本质,扩展道德教育的研究向度与研究深度。此外,从关系理性的视角考察道德教育,有利于超越单一的、片面的、孤立的"个体"与"共同体"论争,从整体性、系统性、关系性与立体性层面考察"化"字背后的价值内核,为道德教育的可持续发展提供可能的理论建构。

(2)现实意义

改革开放四十多年来,市场经济的不断发展与个体身份的不断转化推动了中国个体化的历史进程,与此同时,全球化的不断发展呼吁共同体理念的重新出场。"个体化"与"共同体化"的交替运行越来越成为影响社会发展结构、深入人们道德生活的重要主题。因此,破解道德教育的个体化问题,弥补"共同体形态"与"共同体意识"的现实差距,从具体的实践机制入手挖掘道德教育共同体化的实现进路,对于新时代的道德建设具有强烈的现实观照性与现实解释力,有利于促进德育课的教学改革、德育工作的改革以及德育效果评价体系的改革,有利于对道德教育"培养什么人、怎样培养人、为谁培养人"这个问题进行有效回应。

1.2 研究动态

1.2.1 国外研究现状

（1）共同体理论研究

马克思的共同体理论。一方面,马克思基于批判的视角展开对"虚幻的共同体"与"抽象共同体"的批判。在《德意志意识形态》中,马克思对共同体最深刻的洞见与分析,在于将资本主义国家视为"虚幻的共同体"。马克思指出："正是由于特殊利益和共同利益之间的这种矛盾,共同利益才采取国家这种与实际的单个利益和全体利益相脱离的独立形式,同时采取虚幻的共同体的形式。"① 由此可以看出,标榜着共同利益的资本主义国家实质上是统治阶级实现自身特殊利益的"虚幻的共同体",被统治阶级在这个虚假共同体里无法获得相应的自由和权利保障。因此,马克思对资本主义国家这个"虚幻的共同体"的批判是基于其对"个人利益与国家利益"的关系、国家本质的理解而展开的。此外,马克思以人的本质和人的发展为出发点,展开对以物的依赖关系为核心的资本抽象共同体的批判。马克思指出："个人现在受抽象统治,而他们以前是相互依赖的。"② 资本主义市民社会以"资本"为纽带构成了一种关系共同体,而在这种关系共同体中,抽象的同质性支配着人们的生活和生产活动,使人陷入一种"异己"的状态。总体来看,马克思分别侧重从资本主义政治与经济维度对"虚幻的共同体"与"抽象共同体"的本质进行揭露和批判。

另一方面,马克思基于生成与建构的视角展开对真正的共同体的整体建构。马克思在《共产党宣言》中较为全面地阐述了共产主义社会这种未来的真正的共同体。其中,最为体现真正共同体特征的则是下面这句话,"代替那存在着阶级和阶级对立的资产阶级旧社会的,将是这样一个联合体。在那里,每个人的自由发展是一切人的自由发展的条件"。③ 真正的共同体既为人的本质的

---

① 《马克思恩格斯文集》（第 1 卷）,北京:人民出版社,2009 年版,第 536 页。
② 《马克思恩格斯全集》（第 46 卷）,北京:人民出版社,1979 年版,第 111 页。
③ 《马克思恩格斯文集》（第 2 卷）,北京:人民出版社,2009 年版,第 53 页。

彰显提供充足的动力,又为个体发展与人类发展的充分结合提供坚实保障。事实上,马克思对真正共同体的建构始终基于一种个体与共同体相结合的关系思维,这也是以往基于对立思维的虚幻的共同体和抽象共同体之所以无法被称为"真正的共同体"的根本原因。其次,马克思基于对人的现实利益与需要的考察,将"虚幻的共同体"从空中拉回到地上,实现了向满足人的生存发展需求、精神需求等的真正共同体的现实转化。最后,马克思对真正共同体的建构远远超越于单一民族和国家的视野,他从"世界历史"的范畴着眼研究自由人的联合体。

滕尼斯的共同体理论。一方面,滕尼斯以"意志"为核心范畴对共同体与社会的呈现样式与基本范畴做出了明确的划分。在《共同体与社会》一书中,滕尼斯指出:"共同体是结合的本质意志的主体,社会是结合的选择意志的主体。"[①] "本能的中意、习惯和记忆是本质意志的存在方式和表现形式。深思熟虑、决定和概念是选择意志的存在方式和表现形式。"[②] 本质意志基于人们内在的、自然意义上的情感而生成,而选择意志则是基于人们对历史和现实的综合考虑与理性衡量的基础上生成。共同体通过以本质意志为体现形式的血缘、地缘和精神联结起来,而社会则通过以选择意志为体现形式的惯例和自然法得以结合。由此可以看出,"意志"在滕尼斯的话语体系中具有至关重要的地位。当然,以意志的不同构成展开对共同体与社会的不同性质的分析,使人们能通过最直接的切身感受把握二者的本质区别,具有一定的创新性与解释力。然而,将意志作为引发共同体与社会区别的根本因素,容易陷入唯意志主义的窠臼,忽略共同体与社会背后的经济基础差异与社会背景差异。

另一方面,滕尼斯对共同体与社会有着截然不同的态度。在《共同体与社会》一书中,滕尼斯始终带有某种价值判断与价值评价。"青年人被告诫别上坏的社会的当;但是,说坏的共同体却是违背语言的含义的。"[③] 滕尼斯通过对二者意志形式、主体形式、构成要素、作用范围等一系列的分析证明了共同体的

---

① ［德］斐迪南·滕尼斯:《共同体与社会》,林荣远译,北京:商务印书馆,1999年版,第255页。

② ［德］斐迪南·滕尼斯:《共同体与社会》,林荣远译,北京:商务印书馆,1999年版,第153-174页。

③ ［德］斐迪南·滕尼斯:《共同体与社会》,林荣远译,北京:商务印书馆,1999年版,第53页。

持续性、成员的默认一致性、道德性、未来面向性以及社会的暂时性、表面性、非连续性与历史面向性,表达了对共同体的赞扬与憧憬态度以及对社会的讽刺与消极态度。在滕尼斯看来,共同体与社会是人类社会发展的两个截然不同、不可调和的阶段,二者充满着矛盾、冲突与对立。人类未来的发展走向与美好生活的实现只能而且必须从共同体中得以体现。从本质意义上看,滕尼斯所定义的共同体是他对人类社会发展的理论抽象。从某种意义上说,在现代性日益增强、个体化程度日益彰显的社会中,建立在本质意志基础上的成员间完全的默认一致难以从根本上实现。但其对共同体的谋划对当今共同体的现实构建具有极为重要的参考与借鉴意义。

马克斯·韦伯的共同体理论。一方面,韦伯对"共同体化"与"社会化"进行了对比分析。在《经济与社会》一书中,韦伯指出:"'共同体化'应该称之为一种社会关系,如果而且只有当社会行为的调节——在个别的情况或者一般的情况下或者纯粹的类型中——建立在主观感觉到参加者们(情绪上或者传统上)的共同属性上。'社会化'应该称之为一种社会关系,如果而且只有当社会行为的调节是建立在以理性(价值或目的合乎理性)为动机的利益的平衡或者同样动机上的利益的结合之上。"① 共同体化与社会化作为社会关系的两种表现形式,有着不同的表达方式。共同体化代表着一种个体就某一社会问题、生活状况所达成的自愿、主动、默认一致的和谐状态,它建立在情感的共通与行为的互惠基础上。而社会化仅仅是个体出于现实的外在考虑而被迫采取的以妥协与退让为核心特征的外部团结,体现了外在的社会规范对个体的强制。从马克斯·韦伯关于共同体化与社会化的不同界定中,可以看出他以情感与理性为主要范畴,逐步展开对共同体化与社会化的内在联系与区别的本质把握。

另一方面,韦伯认为共同体化与经济有着本质联系。他指出:"各种共同体化,就其绝大多数而言,都与经济有某些关系。"② 在此基础上,马克斯·韦伯针对"共同体化在何种程度上、以什么样的方式受经济的影响与决定"问题作了具体深入的分析。当理想的共同体与现实的经济发展面临冲突与争端时,韦伯

---

① [德]马克斯·韦伯:《经济与社会(上)》,林荣远译,北京:商务印书馆,1997年版,第70页。

② [德]马克斯·韦伯:《经济与社会(上)》,林荣远译,北京:商务印书馆,1997年版,第270页。

认为,"这种在经济上令人感兴趣之处,不管是职员也好,或者资本主义的实力方面也好,所有情况的共同之处是:对于成员们共同理想的'内容'的兴趣,与对共同体本身的继续存在和传播的兴趣相比,不管其行为的内容是什么,都在退居到次要地位上"。① 共同体不同于传统意义上对于乌托邦社会的理想设想与建构。在资本主义社会的历史语境下,共同体本质上是一种建立在资本合理性基础上的利益合作机制。由此可以看出,韦伯在对共同体化的定义中虽然强调成员对共同体主观上的情感认同、行为上的和谐一致,但从根本上来说,共同体化与社会化在韦伯那里具有极大的相通性。韦伯所重视的始终是共同体化向社会化发展、为社会化服务的倾向。

总体来看,滕尼斯与韦伯未能超越资本主义社会的经济结构来思考共同体的建构形态。马克思从对资本主义剥削本质的批判入手,指明共产主义社会存在以"自由人的联合体"与"每个人的自由全面发展"为特征的真正共同体。滕尼斯与韦伯的共同体理论虽然在对共同体"真正本质"的界定上未能超越马克思,但他们对"共同体化与社会化""共同体与经济"的关系界定为我们更深入地理解共同体、寻找共同体的建构模式提供具有极为重要的参考价值。

(2)道德共同体研究

麦金太尔道德共同体理论。麦金太尔作为社群主义的典型代表,主张共同体的善优先于个人的权利,反对德沃金等自由主义者所宣称的"权利优先于善"。在《追寻美德:道德理论研究》的开篇,麦金太尔提出了一个假设:"我们身处其中的现实世界的道德语言,同我所描绘的这个想象世界的自然科学的语言一样,处于一种严重的无序状态。"由此出发,麦金太尔开始对这种无序的道德现状进行追根溯源,并对"启蒙谋划"进行了批判,提出道德现状从无序转向有序的可能路径在于实现向亚里士多德美德伦理的回归。在麦金太尔看来,情感主义将自我置于与社会分离的状态,自我的社会身份得不到确证,"而在许多前现代的传统社会中,个体通过他在各种各样的社会团体中的成员资格来确定

---

① [德]马克斯·韦伯:《经济与社会(上)》,林荣远译,北京:商务印书馆,1997年版,第280页。

自己的身份并被他人所确认"。① 情感主义的自我观在一定程度上体现了对亚里士多德传统社会角色的拒斥,自我与社会的不一致乃至分离对道德共同体的衰微产生了极大影响。在《依赖性的理性动物 人类为什么需要德性》一书中,麦金太尔提出:"我们人类在各种各样的苦难面前非常脆弱,大多数人都会受到严重疾病的折磨……这种为了寻求保护和维持生计对他人的依赖性在幼年和老年格外明显。"② 从人类脆弱性和相互依赖性的角度探讨了实践理性的本质、道德共同体的必要性以及人成长为独立的实践推理者的可能。

涂尔干道德共同体理论。随着宗教、家庭等将人联结起来的传统社会纽带的式微与社会分工的不断发展,现代社会呈现出以社会失范与自杀为主要特征的社会隐患与社会病态。面对社会成员的集体焦虑,涂尔干尤为重视群体的力量和作用,将"道德共同体"作为理想社会的核心范畴与重要纽带,认为个体只有"生活在社会里,他才会成为一种道德存在,而道德是由群体团结构成的,也伴随着群体团结的变化而变化……任何层次的道德都只能存在于社会状态之中"。③ 此外,考虑现代工业社会的时代背景,涂尔干在肯定共同体力量的同时,更进一步地聚焦于职业共同体的发展。他在《社会分工论》第二版序言《关于职业群体的几点评论》中,将"职业共同体"作为构建道德共同体与社会集体秩序、解决社会失范问题、促进社会整合、实现理想社会的具体路径来进行详细阐述。涂尔干指出:"在职业群体里,我们尤其能够看到一种道德力量,它遏止了个人利己主义的膨胀,培植了劳动者对团结互助的极大热情,防止了工业和商业关系中强权法则的肆意横行。"④ 可见,涂尔干对于职业共同体所蕴含的道德共同体力量给予了充分肯定,并试图通过建构以职业群体为中介与纽带的职业共同体达到凝聚社会力量、达成社会共识、强化集体意识的理想效果。

① [美]阿拉斯戴尔·麦金太尔:《追寻美德 道德理论研究》,宋继杰译,南京:译林出版社,2011 年版,第 42 页。

② [美]阿拉斯戴尔·麦金太尔:《依赖性的理性动物 人类为什么需要德性》,刘玮译,南京:译林出版社,2013 年版,第 6 页。

③ [法]涂尔干:《社会分工论》,渠东译,上海:生活·读书·新知三联书店,2013 年版,第 357 页。

④ [法]涂尔干:《社会分工论》,渠东译,上海:生活·读书·新知三联书店,2013 年版,第 357 页。

恩格尔哈特道德共同体理论。恩格尔哈特从"允许原则"这一生命伦理学的独特视角阐述道德共同体的充分必要条件，对道德异乡人向道德朋友、道德共同体的转化指明了方向，为化解道德世界的二元对立提供了可能方案。面对"行善原则"与"允许原则"的冲突，恩格尔哈特倾向于对允许原则的凸显，他指出："相对比，即使允许原则在其具体应用中对自由有不利后果，它也同样有约束力。允许原则是根据相互尊重的道德来得到辩护的。它的重点并不在于作为一种价值的自由，而是在于作为一般的俗世的道德权威之源泉的人。"[1] 由此可以看出，这种允许原则、宽容原则虽然承认道德的相对性，但是绝不等同于对道德相对主义的承认，由道德异乡人所组成的不同的道德共同体之间依然存在零碎、间接的道德共识。恩格尔哈特本人最终的目的依然在于通过对道德异乡人各自生活方式的允许，对道德异乡人之间所选择的合作方式的允许，来激励更多的道德异乡人寻求道德共识，推进更高程度、更大范围的道德共同体的构建。总体来看，允许他人自由地表达意见，既是对他人意见的尊重，又是对道德共同体理论基础的重大创新，还是对自由主义与共同体主义的批判性融合。

以"他在性"为基础的道德共同体理论，以列维纳斯与哈贝马斯的相关理论为例。列维纳斯是他者伦理、责任伦理的典型代表。他在《塔木德四讲》一书中指出："作为所有他者人质之人对全人类都是必要的，因为没有这样的人，道德不会在任何地方发生。"[2] 人质这一比喻是对我与他者共在、我为他者存在的充分说明。列维纳斯的伦理学从他者出发，具有强烈的"他在性"，把"为他人"的责任看作自我的使命与自我存在的根本表征与呈现方式，将"我"本身视为承担责任的伦理主体。在列维纳斯看来，这种利他主义的责任伦理是克服人的存在焦虑、建构道德共同体的基本前提。如果说，列维纳斯的"他在性"主张具有一定的激进性、绝对性与单一性，那么，哈贝马斯的对话伦理学所蕴含的"他在性"主张则体现了一定的温和性与双向性，不是主张我对他者的绝对义务与绝对责任，而是强调我为他者的存在与他者为我的存在。他以价值理性为依托，重视主体间交往共同体的构建，将对话视为交往共同体形成的基底，主张

---

[1] [美]恩格尔哈特：《生命伦理学的基础》，范瑞平译，长沙：湖南科学技术出版社，1996 年版，第 124 页。

[2] [法]伊曼努尔·列维纳斯：《塔木德四讲》，关宝艳译，北京：商务印书馆，2002 年版，第 125 页。

"自我就处于一种人际关系之中,从而使得他能够从他者的视角出发与作为参与者的自我建立联系"①,提出了对话交往的三个原则:真实性、真诚性与正确性。

(3)公民教育研究

卢梭公民教育研究。公民教育理念是卢梭政治思想的重要基础。卢梭的公民教育理论与自然人教育理论看似存在着不可调和的矛盾、冲突与悖论②,正如他的著作《社会契约论》和《爱弥儿》所示。在《社会契约论》中,他强调个体对其他共同体成员的依赖与对公意的服从,"我们每个人都以其自身及其全部力量置于公意的最高指导之下,并且我们在共同体中接纳每一个成员作为全体之不可分的一部分。"③而在《爱弥儿》中,他以爱弥儿为例,认为一个个体在没有其他成员的情况下也能够发挥作用并且蓬勃发展,强调人的自由与个性发展。"自然人完全是为他自己而活;他是数的单位,是绝对的统一体,只同自己和他的同胞才有关系。"④事实上,卢梭在《爱弥儿》的前三卷重点介绍了对自然人的教育,以此为基础,开启了对公民教育的介绍与阐释。从卢梭对自爱与他爱的统一关系中可以看出,他致力于通过对二者合理性的阐释,寻求二者的结合点,他所主张的公民教育的一个鲜明特点在于其具有对个体权利与公共利益的有效统合的意愿。卢梭对个体与社会、国家关系的有效探寻以及他所面临的矛盾与冲突推进了公民教育理论对前提性问题的不断反思。

杜威公民教育研究。首先,以对道德个体的理智性公民训练为重要手段,杜威认为道德教育的目的在于培育良好公民。其中,学校作为社会的缩影,是培养良好公民、促进个体社会化的重要场所。学校教育肩负着培育自觉地、积极地参与社会公共生活的良好公民的重要职责与使命。学校要提供"把伦理的重心从自私的吸收转移到社会性的服务上来的机会",实现德育重心由"个

① [德]尤尔根•哈贝马斯:《现代性的哲学话语》,曹卫东等译,南京:译林出版社,2004 年版,第 348 页。

② Robles, Jason. Rousseau and Civic Education:Making Citizens from Men. Conference Papers-Western Political Science Association. 2009 Annual Meeting.

③ [法]卢梭:《社会契约论》,何兆武译,北京:商务印书馆,2010 年版,第 26 页。

④ [法]卢梭:《爱弥儿(上卷)》,李平沤译,北京:商务印书馆,2010 年版,第 9 页。

体"向"社会"的有机转化。与此同时,杜威将学校公民教育使命的具体实现路径分为三个子环节:首先,激发与培养儿童的社会责任感、指导儿童对于社会生活的真正需要有正确而清晰的把握、训练儿童适应社会需要、促进自身对社会的有效融合的本领。其次,杜威提倡的公民教育始终离不开坚定的民主主义信念。杜威在《民主主义与教育》一书中认为:"民主主义不仅是一种政府的形式,它首先是一种联合生活的方式,是一种共同交流经验的方式。"[①]民主的开放性与公平性与公民教育推崇的团体精神与合作意识具有内在契合性。民主的不断完善与构建为公民教育提供源源不断的动力。最后,杜威将民主主义信念、科学与公民教育结合起来,注重对公民"科学态度"与"科学精神"的培养与对外在权威束缚的批判。

班克斯公民教育研究。全球化背景下,传统的公民教育理论越来越受到多元文化的挑战。二者的内在张力呼吁多元文化主义公民教育理论的重新出场。其中,班克斯就是多元文化主义公民教育的典型代表。班克斯的公民教育理论具体分为以下几点:第一,班克斯认为公民教育的目标不仅在于提升公民的文化认同、国家认同与全球认同意识,还在于激发公民对这三者正确而清晰的平衡意识。第二,班克斯提倡对文化差异的尊重。关于多元文化教育的范围,他专门论述了五个方面:内容整合(content integration)、知识建构过程(the knowledge construction process)、消除偏见(prejudice reduction)、教育公正(an equity pedagogy)、强化校园文化和社会结构的影响(empowering school culture and social structure)。第三,就公民教育的具体路径而言,班克斯主张公民教育的建构知识必须从主流的学术知识(Mainstream academic knowledge)转变为转型式学术知识(Transformative academic knowledge)。[②]转型式学术知识以转型式民主课堂为呈现载体,以族群间的积极有效互动为呈现方式,旨在培养学生的批判精神、世界主义视野与对于不同种族、民族、国家的合作精神和包容精神。

具体国家的公民教育实践。就美国而言,"9·11"事件的发生进一步激发

---

① [美]约翰·杜威:《民主主义与教育》,王承绪译,北京:人民教育出版社,2001年版,第92页。

② Banks, James A. The Routledge International Companion to Multicultural Education. New York: Routledge, 2009, 313.

了公民教育的政治性。在学校公民教育方面,美国专门对学校公民教育课程体系进行了修订、补充与完善。美国最畅销的中学历史教材《美国民族》就将此前的"我们都一样",修改为"我们都是美国人",而此前对公共服务和人类自由的共同探讨和多元文化的强调也在这一进程中被显著弱化。[①] 此外,美国还重视公民教育在课堂外的实践延伸,鼓励、提倡公民的社区服务。在社会实践方面,"服务学习"作为一种重要的公民教育模式而发挥作用。服务学习是"公民基于最少的金钱补偿,实质性地参与为社会所认同和重视的各种促进地区、国家甚至世界这个大社区的有组织性的服务",服务学习模式的确立、发展与完善旨在推进公民教育实效性的不断提升。就英国而言,英国在民族、种族、文化等方面存在多元主义的特点。2014 年,英国教育部发布《促进英国的基本价值作为学校 SMSC 的部分》。以共享的基本价值观为基础,英国的公民教育逐渐展开,对多元散乱的社会发展困境具有一定的救治作用。就新加坡而言,长期以来,新加坡始终重视公民素质的积极培养,以儒家文化的精髓为基础确立核心价值观,与中国的社会主义核心价值观存在一定的相似之处。2014 年新加坡颁布了新修订的《中小学品格与公民教育 2014 课程标准》,秉持"学生为本、价值导向"的设计理念,以培养学生成为负责人的公民为旨归。

(4)道德教育社群化研究

美国的新品格教育研究是道德教育社群化研究的典型代表。詹姆斯·戴维森·亨特(James Davison Hunter)探讨了品格与道德之间的内在关联,指出道德与品格一样,在其构成上是社会的,被称为对待生活的基本态度。品格是一种社群(共同体)生活所需要的道德秩序理想的素质体现,有品格的人被认为是他所属的社会的良心。品格的公共性力量是社会秩序有条不紊的重要支撑。以对美国新品格教育形成缘由、实践进路与核心特征的研究为着眼点,透视西方关于道德教育社群化的研究,则显得尤为必要。

新品格教育的形成缘由研究。一方面,从理论层面来看,以"价值澄清""个人主义"等为核心的道德教育暴露出诸多问题。社群主义者埃茨奥尼批评激进个人主义,认为美国人生活在一种持久道德混乱和社会无政府状态,主张

---

① Gordon, David T. , Editor;Harvard Univ. , Cambridge, MA. Graduate School of Education. Harvard Education Letter, v18 n1-6, 2002.

用社群精神彻底改造美国社会。利考纳认为，这种"自我实现的个人主义"是指"崇尚个人的价值、尊严和自主；它强调权利而不是责任，强调自由而不是奉献；它使人们作为个人，而不是作为群体（如家庭、社区或国家）的成员来进行义务表达和实现自我"。① 由此可以看出，道德相对主义、个人中心主义视野下的道德教育削弱甚至否定了品格之于个人、社会发展的价值，造成了诸多道德分歧，消解了道德共识，引发了普通大众的价值失落。另一方面，从现实层面来看，20世纪下半叶，美国社会的道德危机愈发显现，道德共识的达成面临诸多挑战，在青少年群体中，往往存在极端的个人主义态度，出现暴力、吸毒、少女早孕、离经叛道等道德失范与道德失序问题。总体来看，道德教育的个体化困境是美国人向传统的品格教育寻求帮助、实施新品格教育、稳固道德秩序、强化道德共识的重要缘由。美国学界有识之士开始了对以往道德教育的反思与批判，并在20世纪90年代掀起了轰轰烈烈的新品格教育运动，其影响持续至今。

新品格教育的实践进路研究。首先，美国新品格教育将道德共识作为实践追寻的目标，将核心德目的建构作为实现这一目标的关键环节。上到国家、州，下到学区、组织与教育专家，都提炼出了相应的核心德目。马里兰州与犹他州建立了品格教育办公室，足以看出宏观政策层面对品德教育的重视。胡夫曼将核心德目的确立与对核心价值的培养视为学校品格教育的重中之重。当然，虽然各个领域对核心德目的提炼略有差别，但都认识到基本德性的联合作用之于个体与社会发展的重要性。其次，美国新品格教育传承传统品格教育的典型性教育方法，如故事法、示范法、纪律与奖惩法，将品格教育与人们的道德生活融合在一起，推进品格教育的内化。最后，美国新品格教育尤为重视家庭、学校与社区的合作教育。民主平等的课堂氛围、校园物质环境中整齐有序的教育设施、校园人文环境中孕育的团结合作精神都为学校道德社群的构建奠定基础。父母的言传身教、有效互动与交流是塑造家庭道德社群的关键。社区成员的互助互爱、奉献服务精神、社区服务计划的落实是社区道德社群得以形成的核心要素。

新品格教育的社群化特征研究。品格教育立足于"人是社会性的动物"这

---

① Lickona, T. Educating for Character: How our schools can teach respect and responsibility. New York: Bantam, 1991.

一主张,重在实现对个体与社会双向关系的理性诠释。美国新品格教育与传统品格教育的最大区别在于陌生人社会条件下对"社群化"的主动构建。传统的品格教育依托熟人社会自然而然的"社群"性,具有天然的社群基础。新品格教育立足于陌生人社会的社会背景,它的目标不是也无法实现对社群的传统回归,而是要实现一种新的突破与超越。作为一种人为的对道德社群的积极构建,美国新品格教育具有两个鲜明的特点:一是道德共识的统摄性,这是道德社群形成的内在条件,是针对道德相对主义泛滥所引发的道德危机的有力回击。二是品格教育的整合控制性,即家庭、学校与社会要素在品格教育方面的有效整合与通力合作,这是道德社群形成的外在条件。

国外关于道德共同体、公民教育的研究较多,但关于道德教育共同体化的研究较少。尤其是对道德共同体与道德教育共同体化之间的联系与区别的研究非常少。实质上,道德教育共同体化存在着一个"是"与"应当"分离和转化的问题。道德共同体作为一种理想的应然层面的道德建构,是否能成为一种现实的可持续的道德教育共同体化的发展状态,实现向"现实化"的有效转化,是道德教育发展的关键。道德教育的发展现状在何种程度、通过何种方法达到真正意义上的道德共同体,是道德教育目标得以实现的重要环节。而国外在这方面的研究依然存在重理论轻实践的问题。此外,道德教育的社群化研究高度重视其对道德危机的化解,却往往忽视了在陌生人社会如何真正实现充分的道德交往问题。同时,相比传统社群的自然性,道德教育社群化带来了不同程度的"理性自负",学术界对此的研究少之又少。

1.2.2 国内研究现状

(1)对马克思共同体理论的研究以及对共同体形式的研究

共同体理论是道德教育共同体化这一研究主题必然绕不开的理论依据。近年来,学术界对马克思共同体理论的研究势头迅猛,共同体热成为一种生活常态。考察学术界对马克思共同体理论的研究,归纳学术界对不同共同体形式以及对共同体化的研究,有利于更好地厘清共同体化的理论与现实依据。

① 对马克思共同体理论的研究

胡寅寅著的《走向"真正的共同体":马克思共同体思想的致思逻辑研究》①一书内容翔实、材料充分。以历时态的方式将马克思共同体思想的发展历程逐一作了解析,从批判与生成的双重视角出发对马克思共同体思想的致思逻辑作了探讨。刘海红著的《马克思实践共同体思想研究》②一书相比胡寅寅的研究而言,更能体现哲学的思辨性与对马克思共同体理论核心要义把握的通透性。刘海红并不局限于单一的历史叙事,而是从马克思对政治共同体的批判、对市民社会的深度剖析出发,考察历史唯物主义的共同体之维,在此基础上再来研究实践共同体的历史发展过程,层层递进,环环相扣。王小章著的《从"自由或共同体"到"自由的共同体":马克思的现代性批判与重构》③一书与胡寅寅、刘海红等以马克思共同体为中心的研究不同,他从自由与共同体的关系维度展开对马克思共同体思想的辩证思考。既对经典社会理论中自由与共同体的非此即彼性展开批判,又把"他人是自己自由的限制"视为马克思对资本主义批判的重要缘由。以自由与共同体关系的演进为线索,王小章对马克思共同体理论的创新演绎对我们把握马克思的思想精髓大有裨益。

国内关于马克思共同体研究的专著和论文主要体现在三个方面:一是从横向维度对马克思共同体思想的总体内容进行研究。洪波从实践、关系思维、利益、个人自主性、类意识五个方面厘清了马克思共同体思想的整体内涵,具有很强的系统性与整体性。并指出:"在理想共同体的生成途中,需要在传承和开掘马克思共同体思想理论资源的基础上,结合当今时代问题进行理论创新。"④由此可以看出,洪波对马克思共同体思想的现实意义也做了详细说明。二是从纵向维度对马克思共同体思想的发展历程展开研究。大部分学者从"原始共同体""虚幻共同体""真正的共同体"三部分分析马克思共同体思想的发展历

---

① 参见胡寅寅:《走向"真正的共同体":马克思共同体思想的致思逻辑研究》,哈尔滨:哈尔滨工程大学出版社,2016 年版。

② 参见刘海红:《马克思实践共同体思想研究》,北京:中国社会科学出版社,2016 年版。

③ 参见王小章:《从"自由或共同体"到"自由的共同体":马克思的现代性批判与重构》,北京:中国人民大学出版社,2014 年版。

④ 洪波:《马克思共同体思想的现实立场及其价值超越》,《苏州大学学报(哲学社会科学版)》,2018 年第 04 期,第 20 页。

程。如丁晔的《马克思恩格斯的共同体思想及其现实意义》、田海舰的《马克思共同体思想探析》、徐斌的《马克思共同体理论的历史逻辑及其当代表现》、张新平的《论人类共同体的发展逻辑——对马克思"三大社会形态"理论的新探讨》都对马克思共同体思想发展的三个阶段进行了科学合理的论述。三是着眼于某一文本考察共同体思想形成的文本依据。如王建刚在《马克思"真正共同体"思想形成的文本考据——以〈共产党宣言〉为界》一文中对"真正共同体"的思想演进序列作了充分的排序,并将《共产党宣言》的发表视为"真正共同体"思想的全面呈现。张瑜在《共同体理论视阈下的自由平等观——基于马克思〈大纲〉的探求》一文中以共同体的思想视阈反思自由平等问题,对西方自由主义作出批判。

② 对不同共同体形式以及对共同体化的研究

毋庸置疑,随着全球化的不断发展,世界各国之间的联系日益密切,"共同体热"一度成为社会发展的新样态。对人类命运共同体的研究、对中华民族共同体的研究已经成为近年来学术界对共同体形式进行研究的重要聚焦点。此外,学术界关于学习共同体、学术共同体、师生共同体、情感共同体、教育共同体、网络共同体、医疗共同体、企业共同体等的研究较为广泛,在这里就不一一赘述了。虽然不同的共同体形式存在各自的特点,有着不同的适用领域与适用范围。但是,其对共同体内涵的界定、对共同体理论的传承与发展存在着诸多相似之处。如共同体意识的凝聚、共同体成员的互助友爱、共同体秩序的有效运转、个体与共同体关系的双向互动、对马克思共同体理论的继承与创造性发展。通过对不同共同体形式的总体考察,来厘清马克思共同体理论在当代中国的发展样态,是共同体思想彰显时代价值的应有之义。

就共同体化而言,学术界关于共同体化的研究大多涉及"社区"共同体化以及"城市治理"共同体化。如姜方炳在《共同体化:城市社区治理的功能性转向——走出社区治理困境的一种可能思路》一文中明确提出共同体化的价值内核在于提升公民对社区的认同感和归属感。① 对共同体化特征的具体分解对我们明确"共同体"与"共同体化"的本质区别大有助益。池忠军在《社区

---

① 姜方炳:《共同体化:城市社区治理的功能性转向——走出社区治理困境的一种可能思路》,《中共天津市委党校学报》,2015年第02期,第74页。

至社会生活共同体化的规范性分析》一文中对社区共同体化作了清晰的界定，即以共同体的规范价值为范导的社区民主自治走向"和谐化"的社会历史进程。① 他认为："居住在同一区域的人们并不一定具有价值认同上的社群，也不一定有规范意义上的共同体般的相互关心、和睦、温馨、安全、相互依赖之实存与感受。"② 社会生活共同体事实与价值的差距是加强共同体化、实现由共同体向共同体化深入的根本缘由。赵宇峰在《城市治理新形态：沟通、参与与共同体》一文中肯定公共性治理的积极作用，但不局限于此，而是提出城市治理应实现由公共性治理向共同体化治理的逐步深化。总体来看，学术界对"共同体化"的研究范围较为局限。实现"共同体"研究与"共同体化"研究的内在融通，达到理想共同体与现实共同体化的内在统一，推动"共同体"与"共同体化"的内在融合，是学术界对共同体化进行深入研究的重要指向。

（2）对道德共同体的研究

之所以将对道德共同体的研究单列出来进行分析，是因为在诸多共同体形式之中，都孕育着道德共同体的雏形，或者都预设了对合乎正义与善的道德共同体的价值期待。李义天在《共同体与公民美德》一文中强调："共同体作为一种群体交往模式，为公民个体展现美德提供了更多的可能性和生活逻辑的基础。"③ 共同体与美德有着天生的内在关联。共同体本身孕育着美德或道德，为个体生活提供正向的价值标准与伦理框架。由此，道德共同体是关涉各行各业的发展面貌、彰显人与人之间道德关系的存在。了解学术界对道德共同体研究的现状，有利于透视多种共同体形式的共同本质，在理论与实践方面构建互助友爱的道德关系，促进共同体向共同体化状态的有机转化。

对道德共同体的基础研究。就道德共同体的范围而言，曹明德强调在塑造人与人之间互助友好的道德关系的同时，也应关注人与自然之间的道德关系。他在《从人类中心主义到生态中心主义伦理观的转变——兼论道德共同体范

---

① 池忠军：《社区至社会生活共同体化的规范性分析》，《社会主义研究》，2010 年第 04 期，第 67 页。

② 池忠军：《社区至社会生活共同体化的规范性分析》，《社会主义研究》，2010 年第 04 期，第 67 页。

③ 李义天：《共同体与公民美德》，《天津行政学院学报》，2009 年第 03 期，第 20 页。

围的扩展》一文中指出："伴随着从人类中心论到生态中心论的伦理变革,人类道德共同体和权利主体的范围从人扩展至非人类存在物。"① 与曹明德相类似,曹永福将动物纳入道德共同体的范围,他在《动物伦理的几个理论焦点与道德难题》一文中就"动物是否应当成为道德共同体中的道德顾客或道德承受者"问题作出了肯定性回答。就道德共同体的特征而言,龙静云在《我国社会道德共同体及其型构策略》一文中从人格、信仰、文化、价值与情感等维度进行归纳总结,他指出:"当代我国社会道德共同体的特征是道德人格的平等性、道德信仰的共同性、道德文化的继承性、道德价值的共识性、道德情感的依恋性、道德与幸福的统一性。"② 就道德共同体的实现进路方面,宋晔、谷玉玲在《道德共同体:学校道德文化建设的核心追求》中指出:"学校管理者在思考道德共同体建构的过程中,重点应该放在重视情感联结、道德责任、自我牺牲、团队合作等精神层面的东西。"③

对现代道德共同体与传统道德共同体的关系研究。与传统道德共同体相比,现代道德共同体的呈现形式是否发生了变化?如果发生了变化,那么,变化体现在哪里?对此,龚浩宇、龚长宇围绕"传统的共同体能否适用于现代社会"这一核心问题,辨明了道德共同体的当代特征。④ 个体化的伦理困境虽加剧了人们对逐步消逝的共同体的乡愁与眷恋,但现代社会的特殊境遇俨然为道德共同体的重构埋下了伏笔。这篇文章的独特之处在于作者将当今社会对于共同体的渴望由内而外地表达出来,并将这种渴望概括为眷恋道德共同体的自然而然性、默认一致性、和睦性以及道德性等。而龚浩宇尤为强调的是,不能夸大传统共同体的优越性,不可沉溺于对传统道德共同体的乡愁,更不可能以传统共同体的样式为现代社会个体化困境的解决提供切实可行的方案。现代社会的道德共同体正在以新的形态呈现出来。针对当前的社会背景,进行对传统道德

---

① 曹明德:《从人类中心主义到生态中心主义伦理观的转变——兼论道德共同体范围的扩展》,《中国人民大学学报》,2002 年第 03 期,第 41 页。

② 龙静云:《我国社会道德共同体及其型构策略》,《中州学刊》,2015 年第 01 期,第 84 页。

③ 宋晔,谷玉玲:《道德共同体:学校道德文化建设的核心追求》,《内蒙古师范大学学报(教育科学版)》,2013 年第 10 期,第 23 页。

④ 龚浩宇,龚长宇:《道德共同体的现代建构——基于滕尼斯〈共同体与社会〉的阐释》,《道德与文明》,2017 年第 06 期,第 134-139 页。

共同体的现代重建,是时代赋予我们每一个人的重要使命。与龚浩宇相似,王露璐同样主张对传统道德共同体的现代构建。她以乡村伦理共同体为例,对此进行了充分论证。她在《乡村伦理共同体的重建:从机械结合走向有机团结》一文中指出:"伴随着乡村社会的转型,植根于自然境界的传统乡村伦理共同体走向式微。"① 在她看来,在社会发展的转型期,传统的乡村伦理共同体已然不能完全适应社会发展变化的需要,对新型乡村共同体的构建迫在眉睫。龙静云在《交往形态的发展与社会道德的变迁》中提到:"人们由于面临共同的全球性问题而重新结成新的道德共同体。"② 这种新的道德共同体作为信息化社会无限确定性交往的承载,是新的交往方式的必然结果,是对原村落道德共同体的创造性发展。

对共同体能否承载德性之重的研究。国内学术界在研究道德共同体的必要性以及可能性的同时,也对共同体能否承载德性之重这个问题产生质疑。如易晓明、王波作出了一个鲜明的论断:仅仅一个共同体本身无法承担起人们德性培养的重任。③ 当然,这种论断是建立在对共同体主义的深刻剖析之后才做出的。易晓明与王波认为共同体主义缺乏德性生成的历史观以及整体观,在道德共同体盛行的今天,更不能一味夸大共同体的作用,而不去审视其能否承载德性之重。德性既在人的整个生活中生成,也在人的整个生活中实现,它不仅在共同体中生成和实现,也在个体化过程中生成和实现。在易晓明与王波看来,德性是个体化与共同体化双重作用的结果。将德性的养成从个体化、主观能动性与创造性中抽离,而将全部希望寄托在共同体的单一作用上,是道德共同体陷入迷途、功能失效的原因所在。

综上,学术界对道德共同体的研究除了关涉其理论基础、内涵要义外,既注重其历时态的演变规律,又注重共时态的多样化发展形式,做出了对传统道德共同体与现代道德共同体的充分辨析,厘清了德性与共同体的内在关联,为

---

① 王露璐:《乡村伦理共同体的重建:从机械结合走向有机团结》,《伦理学研究》,2015 年第 03 期,第 118 页。

② 龙静云,熊富标:《交往形态的发展与社会道德的变迁》,《伦理学研究》,2011 年第 05 期,第 52 页。

③ 易小明,王波:《共同体不能承载德性之重——对当代共同体主义德性生成论的一种分析》,《天津社会科学》,2014 年第 03 期,第 52 页。

新时代的道德共同体建设提供了大量的思想源泉。近年来,国内学术界对于"道德共同体"的研究愈来愈多,高校也愈加重视以师生共同体为核心,对道德教育共同体的全方位"打造"。但是对于热门状态下的道德共同体的研究却缺乏一定的冷思考。尤为明显的是,国内学术界对于道德共同体理论基础的研究在一定程度上仍然局限于对西方相关共同体理论的借鉴,缺乏一定的创新性与本土性,这也为道德共同体的研究提出了新时代的挑战与要求。

（3）道德教育个体化研究

① 道德教育个体化的必要性研究。

国内学者对道德教育个体化的研究多围绕"主体性"来展开。肖川在《主体性道德人格教育》一书中认为主体性道德教育的出场既是对市场经济的现实回应,也是个人自由全面发展的时代要求。[①]与此类似,宋晶、周同指出主体性道德人格体现社会发展的需要,是克服灌输式道德教育、冲破对道德乌托邦抽象理想的束缚、实现道德教育合理化的必然选择。[②]王俊立足个体的道德需要,研判道德教育的合理性根基。[③]王俊对道德教育个体化必要性的认识主要基于它对道德教育本身的发展所具有的重要价值。

② 道德教育个体化的范式研究。

道德教育个体化的范式如何,是考察与研究道德教育个体化的必经环节。南京师范大学鲁洁教授、北京师范大学高德胜教授作为生活德育的提倡者,主张将道德教育置于生活论视域下,强调道德教育应重视个体的生活体验与主体性的充分发挥。生活德育范式作为道德教育新范式,具有很强的个体化倾向,有助于主体性的彰显与实现。然而,生活德育范式的大规模运用在一定程度上容易使得道德教育过度关注个体的生活叙事,陷入碎片化、微观化窠臼。其次,自由范式是多数学者在研究道德教育个体化过程中不可回避的重要范式。具体来说,聂文军对部分学者对选择性行善的排斥作了反驳,并以社会发展的现

---

① 参见肖川:《主体性道德人格教育》,北京:北京师范大学出版社,2002 年版。

② 参见宋晶,周同:《主体性道德人格教育:社会转型语境下学校德育的诉求》,《现代教育》,2012 年第 02 期,第 27 页。

③ 参见王俊:《关注个体道德需要:提高道德教育有效性的支点》,《现代大学教育》,2004 年第 01 期,第 68-70 页。

实要求与个体的道德自由与道德权利两方面为论据,夯实"选择性行善"作为道德教育个体化的自由范式的载体基础。① 最后,高德胜等学者从"自爱范式"引出道德教育个体化的存在价值。高德胜在《"关心你自己":道德的根基》一文中呼吁人们正确认识"关心你自己"的真正内涵,力图澄清"关心自己或自爱"与"自私"的逻辑矛盾。高德胜对"自身善"的凸显体现了其对道德教育个体化理念的高度认同。这也为我们正视并承认"道德教育个体化"的善提供了合理依据。

③ 道德教育个体化的困境研究。

道德教育的个体化为主体性的彰显带来了前所未有的发展空间。然而,主体性的过度发展使得道德教育的个体化面临合理性危机。对道德教育个体化困境的研究,是中国学者在继续深入研究道德教育的过程中难以回避的问题。多数学者主要围绕过度的道德教育个体化对道德个体脱嵌的影响、对道德关系的消解、对社会道德规范的冲击等展开论述。

道德教育个体化对道德个体的影响研究。这种影响体现为积极影响与消极影响,过度的个体化容易加深消极影响的比重,损耗积极影响的实际效果。如谢爱华指出,"个体化一方面带来了自我意识和人的个性的凸显,另一方面,带来了更多的孤独、怀疑和不安全感。个体的高度独立造成了个体与社会的脱嵌。因此,在个体化进程中,学校的道德教育应该寻求个体自我与社会角色融合的有效路径。"② 王明指出道德教育的个体化是一种以个体为进路的学校道德教育,可能造成"社会"维度缺席和"孤独个体"的社会风险。③ 王建民对互联网时代个体自由与孤独的论述,同样可以运用到道德教育个体化之个体影响方面。道德教育个体化给个体带来暂时的"去权威化"体验,也使其陷入"不

---

① 参见聂文军:《试论我国现当代社会中个体道德实践的选择性行善》,《吉首大学学报(社会科学版)》,2017 年第 04 期,第 89-94 页。

② 谢爱华:《个体化进程中的学校道德教育研究》,《广西社会科学》,2017 年第 08 期,第 199 页。

③ 参见王明:《个体化进程中学校道德教育的内在困境——基于个体与社会关系的视角》,《中国教育学刊》,2016 年第 02 期,第 85-89 页。

能承受的生命之轻"。①道德教育的个体化在纠正传统德育的强制、命令等弊端时,存在矫枉过正的风险。道德个体本着自我解放的道德原则,根据自我的兴趣爱好、情感、道德偏好进行独立自由的价值判断与道德体验,体现了情感主义的价值立场。从表面上看,道德个体拥有极大的独立权与自主权,部分地摆脱了权威性力量的奴役,获得了实现自我价值的多元选择与"解传统化"的本质力量。然而,自主权的滥用在某种程度上导致了个体对公共性价值标准的不断质疑,或者说,导致了个体与公共性价值的不断疏离。总体来看,多数学者对道德教育个体化对"孤独的个体""脱嵌的个体"的塑造存在共识。

道德教育个体化对道德关系的消解研究。现代性视域下,由于道德冷漠现象存在,对此,学术界展开了大量研究。安冬、高德胜以学校为例,认为学校环境中的旁观者具有社会中旁观者的主要特征:情境性、自我利益至上和责任推脱,并就道德旁观与道德冷漠对学校教育的负面冲击进行了分析。②陈伟宏、陈祥勤对道德冷漠的表现、原因及其矫治对策进行了深入分析。其中,尤为明确地指出现代社会的个体化趋势是道德冷漠的社会原因。在他们看来,在陌生人社会,道德个体间的道德关系具有不固定性,很难建立一种强的伦理关联。与之相类似,廖申白认为,在陌生人社会,存在一种普遍现象,即一个人可能对家人与朋友有很好的感情,而对陌生人没有起码的尊重。③高兆明与王嘉专门就紧急救助中的道德冷漠展开研究。他们认为,当今社会的道德冷漠现象更多地体现为"无行为"的道德冷漠。

如果说道德冷漠是个体化社会道德关系的外在表现,那么公共品格的淡化或缺失则是道德关系的内在表征。公共品格是人立足于社会的精神支柱。公共品格的缺失是道德教育的个体化困境的核心表征。南京师范大学叶飞对此作了大量研究。他认为:"现代学校及其教育模式正在不断塑造'个体人',而公共品格的教育则反而走向了衰落。作为'公共人'的公共品格(包括公共理性、公共德性以及公共的民主法治精神等)遭受着源自于个体分化力量的不断

① 参见王建民:《互联网时代的个体自由与孤独——社会理论的视角》,《天津社会科学》,2013 年第 05 期,第 74 页。
② 安冬,高德胜:《学校中的旁观者与道德教育——论冷漠旁观者对教育的冲击》,《教育科学研究》,2018 年第 10 期,第 77 页。
③ 廖申白:《公民伦理与儒家伦理》,《哲学研究》,2001 年第 11 期,第 69 页。

侵蚀。"① 过度的教育竞争使得学校生活内部的交往关系日益分裂,由此带来的必然结果是,个体对他者的冷漠与不信任,换言之,孤独的公民对合作的公民的取代。"个体人"在道德教育中占据过度支配地位的角色,应该为"公共人"留出更大的空间。此外,叶飞围绕"积极公民"与"消极公民"的对比视角,② 通过对积极公民与消极公民内涵的溯源,揭示了消极公民导致个体与共同体分裂的实质,结合社会转型期的时代特征,提出了培育积极公民是道德教育的应有之义这一论题。

道德教育个体化对道德规范、价值共识的冲击研究。道德教育个体化对道德规范的质疑容易引发深层次的道德危机。郑富兴对个体化进程中道德教育所存在的"规则错位"与"孤独的个体"问题进行了详细的阐释。③ 郑富兴明确表明,"错位的规则"与"孤独的个体"是学校道德教育割裂个人与社会的联系的结果。面对现代社会里个人与社会的关系,学校道德教育研究与实践应在个人与社会的联系中调整思路。石寅在肯定价值个体主义所具有的个体解放价值的同时,又具体分析了它对道德教育发展的挑战。④ 他认为,价值个体主义对道德教育的公共性、统一性及超越性构成了严峻挑战。与之相类似,洪明认为道德相对主义认同不同的道德标准,使人们缺乏对基本道德原则的认知和持守,拒斥特定道德原则的教育。失去了权威道德价值原则作为前提,道德教育将无从进行。⑤ 总体来看,他们认为在道德教育个体化视域下,每个人都有基于自身利益或爱好作出的道德选择,社会在众多的道德选择与道德判断之间陷入分歧,没有标准可言,对价值共识造成了不同程度的冲击。

综上所述,学术界对道德教育个体化困境的主要表现与实质作了大量研

---

① 叶飞:《从"个体人"到"公共人"——论道德教育如何培育人的公共品格》,《教育科学》,2019 年第 01 期,第 16-17 页。

② 参见叶飞:《道德教育与"积极公民"的培育——从以赛亚·伯林的两种自由概念谈起》,《苏州大学学报(教育科学版)》,2019 年第 04 期,第 47-54 页。

③ 参见郑富兴:《个体化社会的道德教育问题》,《华东师范大学学报(教育科学版)》,2011 年第 04 期,第 1-7 页。

④ 参见石寅:《价值个体主义背景下道德价值共识的重建——兼对社会主义核心价值观出场的哲学解读》,《云南社会科学》,2016 年第 01 期,第 29-33 页。

⑤ 洪明:《基于正义 建构共识——对大学生道德教育中道德相对主义的回应》,《高等教育研究》,2019 年第 01 期,第 18-19 页。

究,这为开启对道德教育共同体化的研究埋下了伏笔。事实上,道德个体的脱嵌、道德关系的裂变与道德相对主义的泛滥作为道德教育个体化困境的表现,亟须实现新的救赎,而道德教育的共同体化发展则肩负着这一重要使命。由此加强对道德教育共同体化转向的研究,则显得尤为必要。

(4)道德教育共同体化研究

对个体道德与公共伦理的关系研究。张伟在《从分裂到融合的个体道德与公共伦理》一书中试图回答以下几个问题:个体道德与公共伦理能否实现融合?如果能,那么,个体道德与公共伦理又是如何实现从分裂走向融合的?张伟首先从难以面对的现代困境入手,用"流动的现代社会、破碎的日常生活、无根的个体道德与失落的公共伦理"四个关键点对现代困境进行了细致的解读。用生存论的视角说明个体角色与社会角色的内在相关性。[①] 张盾立足于马克思政治哲学的立场,展开对个人原则与社会原则关系的论述,在宏观与整体层面上为道德教育的个体化原则与共同体化原则提供了正确的方向指引。张盾认为:"马克思站在更高的精神观点上,超越个人原则与社会原则的二元对立,把资本主义现实中的个人原则和社会原则一体划入异化世界的界面,证明现代个人和现代社会其实服从着相同的物化逻辑;同时证明,在全新的'真正人的'世界图景中,人的全面发展的个性存在与其社会性存在是内在同一的。"[②] 张盾在方法论层面对个体与社会关系的思考为我们更好地反思道德教育个体化与共同体化争论的实质具有重大意义。

共生道德教育研究。许锋华对共生道德教育作了大量研究。在《基于共生哲学视角的学校道德教育问题反思》一文中明确指出:"走向共生便是学校道德教育的紧迫选择,共生道德教育便是未来学校德育的发展走向。"[③] 在《全球性问题与共生道德教育》一文中将道德教育与全球性问题相挂钩,开门见山地指出全球性问题实质上是人类中心主义道德的危机。建构共生道德是全球

---

① 参见张伟:《从分裂到融合的个体道德与公共伦理》,南京:南京大学出版社,2014 年版。

② 张盾:《马克思政治哲学中的个人原则与社会原则》,《中国社会科学》,2013 年第 08 期,第 4 页。

③ 许锋华:《基于共生哲学视角的学校道德教育问题反思》,《国家教育行政学院学报》,2012年第 02 期,第 50 页。

化赋予道德教育的使命。① 此外,他在《共生道德教育论》一书中较为详细地对共生道德教育作出阐释与论证。他将共生作为人类道德的重构方向,将共生道德作为一种新的伦理价值规范,阐述了共生道德的内涵及其建构的可能性,并从共生理念出发对学校道德教育问题进行深入的反思,提出了建构共生道德教育的方向和思路。华为国认为从共生理论的视角来提升道德教育的有效性是合乎现实的尝试,并将共生型道德教育的实施形态概括为交往教育、共识教育与情境教育。冯建军认为当今时代是一个价值多元的时代,同样是价值共生的时代,对价值多元的过度关注容易忽视价值共生的基本前提。"多元"与"共生"的辩证统一是对个体自由与价值共识的辩证统一关系的有力说明。

对道德教育共同体化的具体研究。道德教育共同体化是使得道德共同体成为一种可以实现的"常态"的理念。在道德教育共同体化的中心理念方面,王伟忠在《当代大学生道德社会化问题研究》一书中立足于马克思主义人学视野,强调大学生道德社会化的人学解读,指出大学生道德社会化要以"人性自由"为逻辑起点,以"人化需要"为实践方向,以"人本回归"为价值取向。② 在道德教育共同体化的路径方面,与西方关于道德教育共同体化路径的研究较为类似,中国学术界一般也从个体内部与外部教育环境两方面提出意见或建议。徐保风把个体的自我道德修养与社会的道德教育视为道德个体社会化的双重路径。③ 具体来说,就社会的道德教育而言,涉及"道德权威"的重建问题。范李明强调学校公民教育的目的在于培养具有传统公共道德与责任、现代公民意识与理性的公民。④ 道德教育个体化的发展常常伴随着道德权威的衰落,而道德教育共同体化得以实现的首要前提就在于重建道德教育的权威。当然,范李明在这里所强调的道德教育权威并不是指道德教育者对个体的外在强制,而是内涵了道德主体对公共伦理的自觉认同。他的创新之处在于不对传统的道德教育权威泛泛而谈,而是试图构建传统道德教育权威与现代法理道德权威的联

---

① 许锋华:《全球性问题与共生道德教育》,《教育研究与实验》,2010 年第 01 期,第 35 页。

② 参见王伟忠:《当代大学生道德社会化问题研究》,杭州:浙江大学出版社,2016 年版。

③ 参见徐保风:《道德个体社会化的双重路径》,《中南林业科技大学学报(社会科学版)》,2008 年第 05 期,第 5-8 页。

④ 参见范李明:《双重道德权威的失落与重建——基于公民教育的视角》,《教育评论》,2015 年第 08 期,第 99-101 页。

合系统。就个体的自我道德修养而言,如何处理道德自由与道德责任的关系,是考察个体对于公共伦理的认同的关键。陈伟认为,人的道德自由始终受到其所处的道德情境的影响,撇开道德责任谈道德自由是根本不可能的。[①] 个体增强自我修养的重中之重在于正确理解并积极践行道德自由与道德责任。就道德教育共同体化得以实现的形式而言,学界对于"微道德教育"给予了高度认可。唐琳以微道德教育对个体的充分尊重与对主体间的精神交往的强烈呼吁为主线,用合乎逻辑与理性的论证说明了"微德育"作为一种新方式、新形式所体现的个体德性与公共伦理的有效融合。[②]

与西方关于道德教育共同体化的研究较为一致的是,国内学者对道德共同体与道德教育共同体化之间的联系与区别的研究也非常少。总体来看,道德共同体是道德教育共同体化的充分条件,道德教育共同体化的实现离不开道德共同体的理想建构。对于道德共同体的大范围研究固然能够明确"共同体"之于道德教育发展的必要性,但是,单纯意义上的道德共同体并不能达到道德教育共同体化的效果。在现实的实践层面如何达到这一理想进路,勾勒道德教育共同体化的结构与特征,构建道德教育共同体化的发展模式,是未来很长一段时间道德教育理论研究者、道德教育者需着重考虑的问题。

1.3 研究思路与理论创新

1.3.1 研究思路与方法

本书的写作思路是在对道德教育共同体化的内涵与理论渊源进行基本考察的基础上,探寻道德教育共同体化的历史演变,分析道德教育共同体化在新时代的必要性、可能性及超越性,了解道德教育共同体化在实际运行过程中的问题与挑战,提炼道德教育共同体化的建构理路。

本书所要研究的内容由 6 章所构成。

第 1 章为导论,主要说明选题缘由及意义,对国内外学者研究共同体、道德教育共同体化的现状进行了评述,论述了本书的研究思路和方法、重难点和创新点。

---

① 参见陈伟:《道德自由的诠释及其维度考察》,《求索》,2010 年第 03 期,第 109-111 页。

② 参见唐琳:《高校"微德育"新方式探析》,《中国高等教育》,2017 年第 24 期,第 46-47 页。

第2章首先对"共同体化"一词作出概念澄清。其次,从前提、核心与旨归三个维度对道德教育的共同体化的内涵进行宏观把握。最后,从中西哲学在"关系理性""主体间性"理论上的互通维度提炼道德教育共同体化的理论渊源。

第3章回溯了道德教育共同体化的历史演变。基于对传统中国社会的特征研究,分析"集体的在场"与"个体的缺场"为何以及如何成为传统道德教育的呈现模式。根据个体化时代道德教育的新境遇,探明道德教育个体化出场的理论语境与时代语境。立足个体化时代的发展困境,考察新时代道德教育的共同体化对道德个体与道德共同体的双重关照。

第4章致力于解决三大问题:即道德教育的共同体化何以必要?何以可能?何以超越?这是我们探寻它、理解它并自觉地认同它的深层理论问题。从必要性来看,道德教育的共同体化是化解陌生人社会伦理风险的迫切需要,是推进社会主义民主政治的内在规定,是共享发展的伦理要求。从可能性来看,人的超越性本质是道德教育共同体化的价值依据,主体间性转向是道德教育共同体化的直接动力,新型道德共同体形态的确立是道德教育共同体化的物质载体。从超越性来看,道德教育的共同体化实现了对传统集体主义向度与个体化的超越。

第5章旨在分析道德教育共同体化的现实之难。道德教育的共同体化作为道德教育新的发展取向,在运行过程中,并非一帆风顺,而是存在一些现实性问题与难题。厘清问题的本质,积极寻找问题的出路,对于我们更好地推进道德教育共同体化的研究、积极有效地构建道德共同体具有重要意义。

第6章承接道德教育共同体化的现实之难,旨在提出道德教育共同体化的建构理路。道德教育的共同体化如何建构?何以实现?这是关涉道德教育与人的未来发展取向的重要议题。为此,这一部分提出从理念、主体、制度与环境四方面形塑道德教育共同体的建构理路。

本书的研究综合运用了文本研究法、历史与逻辑相统一的方法、对比研究法。

（1）文本研究法

首先,马克思对"现实的人"的需要的肯定,对"自由人的联合体"与"人的自由全面发展"的论述深含在他的每一部重要的文本之中。因此,从基本文献入手梳理马克思的个体与共同体观点是十分必要的。本研究从《1844 年经济学哲学手稿》《德意志意识形态》《共产党宣言》等著作中挖掘马克思的共同体思想。其次,以霍耐特《为承认而斗争》、哈贝马斯《包容他者》等著作为文本,重点探寻他们对道德教育共同体化的理论启示。

（2）历史与逻辑相统一的方法

在不同的历史时期,道德教育有着不同的主要特征。道德教育由传统向现代的演进是从集体的"强在场"到个体的"强在场",再到共同体的"强在场"的转化过程。因此,本研究运用历史分析的方法对道德教育倾向的转化过程进行纵向梳理,并运用逻辑分析的方法将道德教育各阶段的特征进行有逻辑、有关联的横向整合。

（3）对比研究方法

从伦理诉求、德育方式与目标三个方面比较道德教育传统集体主义向度、个体化与共同体化的价值基础,研判三者关于自爱与他爱、道德自由与道德规范、个体善与共同体之善的价值定位。

1.3.2 可能的创新

一方面,共同体化向度的独特论证角度。新时代道德教育功能的实现,离不开通过共同体化方式对时代新人的化育。新时代道德教育建基于教育者与受教育者、受教育者与受教育者之间的关系思维、互助友爱的价值理性、共同体形态与共同体精神的有效统一。另一方面,对道德教育的历时态考察。道德教育的共同体化彰显理念、主体、制度与环境的公共理性逻辑,致力于对传统集体主义向度与个体化的反思与有效超越。

2　道德教育共同体化的基本考察

共同体化一词最早由马克斯·韦伯在《经济与社会》一书中提出。在对道德教育的共同体化进行考察之前,我们需要对共同体化的概念进行澄清。共同体化是共同体精神的形成以及在此基础上对传统共同体的现代重构的关涉,代表着一种个体间就某一社会问题、生活状况所达成的自愿、主动的和谐状态,它建立在情感的共通与行为的互助基础上,为共同体的最终形成开辟道路并提供持久支持。一方面,就共同体化与共同体的关系而言,它与共同体存在着密不可分的内在关联,是共同体与"化"的内在结合,但与共同体也有着重要的分野。共同体是一种静态、理想的形式,而共同体化则是一种动态、现实的形式,是一种取向或向度,是一个不断向共同体迈进、彰显共生效应的过程,它所表征的是共同体的"定在"或现实化。另一方面,就共同体化与社会化的关系而言,共同体化稳定而持久,是个体在共同体中所生成的更高级的认同态度,体现了内部成员的强凝聚性与存贮于心的崇高德性,表达了共同体对个体差异的尊重以及个体对共同体的认同、理解与支持。社会化具有一定的脆弱性,体现了内部成员的弱凝聚性与强烈的功利性,更多地显示为社会对个体的强制性命令、管辖与统摄。

道德教育共同体化,是以共同体精神或公共人为培养目标的新型道德教育。具体地说,它通过道德教育使人们涵养以共同体精神为核心的公共性品质,同时,通过对道德关系的培植,让受教育者积极参与共同体生活,不仅关心他者,更拥有对社会、国家的积极关切。从根本上说它体现了一种关系理性,以人的对象性存在为前提,以人们之间的交往与对话为核心,以互助式的伦理责任为旨归。道德教育源于人们对公序良俗、崇高德性与终极价值的希冀与向往,其动力就是为成长于道德空间中的个体提供具有超越性的价值追求,使他们摆脱低俗、功利、冷漠等原初意义与现实意义上的"恶",并在对公共德性或共同善的伦理认同中充分发挥自己的道德自由与道德自信。"当代中国所要培养的绝不是单子式的独立人格,而只能是共在型独立人格。"①道德教育的共同体化不仅体现为共同体组织对于其成员内部的道德约束、道德规范等道德准入与退出机制,更体现为成员建基于情感层面上内生性的道德互助、共同的道德归属与不可摧毁的道德凝聚力。

共同体化作为当代道德教育的一种新向度,依然有着深厚的历史积淀与充足的理论基础。对于共同体与关系理性的研究,中国哲学、西方哲学与马克思主义哲学有着充分真实的对话与融通空间。具体来说,中国传统哲学的共在存在思想、西方哲学的主体间性理论以及马克思"真正的共同体"思想都为道德教育的共同体化提供极为宝贵的理论渊源。

2.1 共同体化的概念澄清

2.1.1 共同体与共同体化的概念比较

共同体概念古已有之。早在古希腊时期,亚里士多德就已提出人是共同体的存在物。而将共同体作为一个真正社会学的概念来考察,是从滕尼斯开始。滕尼斯以"意志"为核心范畴对共同体与社会的呈现样式与基本范畴作出了明确的划分,指出:"共同体是结合的本质意志的主体,社会是结合的选择意志的主体。"②本能的中意、习惯和记忆是本质意志的存在方式和表现形式。深思熟虑、心愿和概念是选择意志的存在方式和表现形式。③滕尼斯通过对二者意志形式、构成要素等一系列的分析证明了共同体的持续性、成员的默认一致性、道德性、未来面向性以及社会的暂时性、表面性、非连续性与历史面向性,表达

---

① 鲁洁:《转型期中国道德教育面临的选择》,《高等教育研究》,2000 年第 05 期,第 10 页。

② [德]斐迪南·滕尼斯:《共同体与社会》,林荣远译,北京:商务印书馆,1999 年版,第 255 页。

③ [德]斐迪南·滕尼斯:《共同体与社会》,林荣远译,北京:商务印书馆,1999 年版,第 153-174 页。

了对共同体的赞扬与憧憬态度以及对社会的讽刺与消极态度。鲍曼认为："有些词，它还是一种'感觉'（feel），'共同体'（community）这个词就是其中之一。'共同体'给人的感觉总是不错的：无论这个词可能具有什么含义，'有一个共同体''置身于共同体中'，这总是好事……我们认为，共同体总是好东西。"①

然而，现实生活中复杂多样的共同体形态并不总是作为积极、理想、美好的东西而存在。社会学家韦伯指出，仅仅具备种族的构成要素、有着共同的语言环境等都还不足以构成真正的共同体。马克思对共同体最深刻的洞见与分析在于将资本主义国家视为"虚幻的共同体"。他指出："正是由于特殊利益和共同利益之间的这种矛盾，共同利益才采取国家这种与实际的单个利益和全体利益相脱离的独立形式，同时采取虚幻的共同体的形式。"②受虚幻共同体支配的个体由于未经历共同体化的锤炼与考验阶段，因而只能停留于对共同体虚幻的想象中，无法完成向真正共同体的理性过渡。

韦伯对共同体化作出界定，指出："'共同体化'应该称之为一种社会关系，如果而且只有当社会行为的调节——在个别的情况或者一般的情况下或者纯粹的类型中——建立在主观感觉到参加者们（情绪上或者传统上）的共同属性上。"③池忠军在《社区至社会生活共同体化的规范性分析》一文中将"社区共同体化"界定为"以共同体的规范价值为范导的社区民主自治走向'和谐化'的社会历史进程"。④以此为参考，我们可以看出，共同体化是共同体精神的形成以及在此基础上对传统共同体的现代重构的关涉，代表着一种个体间就某一社会问题、生活状况所达成的自愿、主动的和谐状态，它建立在情感的共通与行为的互助基础上，为共同体的最终形成开辟道路并提供持久支持。可以说，共同体化程度的每一次丰富，都或多或少地推动主体间共同体意识的不断确立。

---

① ［英］齐格蒙特·鲍曼：《共同体》，欧阳景根译，南京：江苏人民出版社，2003年版，第1-2页。

② 《马克思恩格斯文集》（第1卷），北京：人民出版社，2009年版，第536页。

③ ［德］马克斯·韦伯：《经济与社会（上）》，林荣远译，北京：商务印书馆，1997年版，第70页。

④ 池忠军：《社区至社会生活共同体化的规范性分析》，《社会主义研究》，2010年第04期，第67页。

总体来说,共同体化在共同体的基本概念之上拓展于两个方面。一方面立足于"破"的维度,旨在纠正共同体形态与共同体意识的断裂现象,为共同体成员提供强大的保护屏障,在"社会"的膨胀、"真正共同体"的衰落与"虚假共同体"的泛滥基础上得以衍生与推进。"虚假共同体"以共同体本位之名行扩大化的"个体利益"之实,引发了共同体意识的根本障碍。共同体化是在扬弃"非共同体化"的语境中来言说的,其作用的彰显首先通过对共同体的潜在性威胁的破除体现出来。另一方面立足于"立"的维度,在破的基础上为共同体的可持续发展开出针对性"药方",阐释带有鲜明的能动性的"化"字之于共同体建构的深刻意蕴,以共同体化这种向度为某一场域的共同体安全提供充足的可能性,明确共同体的建构理路,促使共同体成员以"共在主体"的形式存在,不断提升共同体精神。

共同体与共同体化存在一种"你中有我、我中有你"的因果关联。只有将真正的共同体作为参照系,并通过对共同体的现状、特点与走向的分析,共同体化的形成、发展和运作逻辑才能得以体现与贯彻。同样,共同体化是共同体的象征性表达,它承担着阐释共同体的重要使命,肩负着为外在的共同体形态提供凝聚力、引领力与整合力的重大责任,为共同体的形塑源源不断地输送能量。总体来看,共同体的圆满发展、共同体意识的日益增进只能而且必须伴随着共同体化的积极进程,以共同体化为依托,并在共同体化的持续发展中得以延存。当前,形形色色的共同体如雨后春笋般地涌现,将个体裹挟进难以抉择的共同体潮流中,但共同体化的发展势头反而愈加衰落,这无疑是共同体权利的消极行使。诸如此类的共同体无疑是一种人云亦云的妄称,与真正意义上的共同体大相径庭,显然不是人的自由全面发展与社会的全面进步所需要的。这种通过制造临时的、分散的、可复制的共同体来为人们提供瞬间的安全感的方式,以"形式价值""工具理性"掩盖了共同体的全部价值意蕴,在很大程度上消解乃至歪曲了共同体的本来面貌,背离了共同体衍生的价值理性根基。

当然,共同体化并不意味着将共同体性作为衡量事物发展的唯一标准。共同体化的行为主体可能为了达到某种统一性、标准化、命令式的特定目的,夸大某一场域的自由主义成分,虚构共同体的存在困境,以"过度共同体化"的方式对共同体进行系统编码,意图以抽象的同质性实现共同体对个体的简单粗暴式化约,塑造个体对共同体的"望而生畏""外在服从"的感觉。在这种分析模式中,共同体化被描绘成抽象的、强制的、远离个人层面的存在物。部分利益群体为了保持其所属共同体的绝对优越性,往往对非共同体成员进行示威与排斥,并对其持有或明或暗的敌意。毋庸置疑,这种带有差序格局的共同体化就其本质而言仍然存在很大的狭隘性,无法立足于共同体的本质内涵对其进行共同体化的重塑。理性意义上的共同体化是处于"过"与"不及"之间的恰当,平衡并制约着共同体系统内部诸要素的排列组合,它绝非特定利益群体打着"公意""利他"的旗号所实施的观念移植与意志灌输。只有当共同体化借以发展的关系哲学与责任伦理成为共同体形态的理念基础时,那横亘在共同体与共同体化之间的鸿沟才有得以跨越的可能。

2.1.2　共同体化与社会化的概念比较

从广义上来说,社会本身就是一个复杂的共同体。每一个活生生的个体都从属于有组织的社会共同体,并且在与共同体成员的聚合交往中超越自身的狭隘界限,抵达一种实实在在的实践关系,还原"是其所是"的自我意识。个体,无论他的人格具有多大程度上的自主性与创造性,总是并且必然表现出对确定性的社会型式或共同体型式的尊重、认同与支持。就他是一个自我而言,他必须同时是社会或共同体的有机构成部分。社会化与共同体化就其属性来说,都必然具有超越个体特殊性的普遍性。二者都规定了个体行为的社会样式,塑造出一种全新的社会整体,体现了内部成员对特定社会情境的一种共同反应、共同感觉与普遍意志。也正是因为这种共同的反应,有着鲜明个性意识的不同个体才具备作为社会共同体一员的成员资格,并直接或间接地采取一种恰当的合作立场;或者说,以合作的方式采取行动,达成共识。从狭义上来说,共同体与社会存在性质和程度的显著差异。共同体因其自身之故而被欲求,社会却因其能为个体带来合作效益等外在目的而被欲求。

在韦伯看来,共同体化与社会化开辟了两条不同的价值向度。共同体化以追求共同善为最高目标,凝结着共同体成员发自内心的共同情感,融汇着深厚的道德维度。"社会化应该称之为一种社会关系,如果而且只有当社会行为的调节是建立在以理性(价值或目的合乎理性)为动机的利益的平衡或者同样动机上的利益的结合之上。"① 从韦伯关于二者的定义与对二者的功能论证来看，我们可以得出一个结论，即共同体化与社会化的根本区别在于：共同体化稳定而持久，是个体在共同体中所生成的更高级的认同态度，体现了内部成员的强凝聚性与存贮于心的崇高德性，表达了共同体对个体差异的尊重以及个体对共同体的认同、理解与支持。社会化具有一定的脆弱性，体现了内部成员的弱凝聚性与强烈的功利性。为了实现利益的共赢而组建社会团体，进而加强社会成员之间的利益往来，社会化的存在价值不仅难以实现，反而会大打折扣。

社会化是人跳出家庭、校园等传统的此在的固定环境，以社会人的身份积极参与社会事务的处理、完成社会人格的塑造、锻造社会发展的主体力量的过程，是接受社会文化洗礼、实现社会角色担当、满足社会期待的过程。它为社会规范的正当性以及个体对社会规范的有效遵守提供合理辩护。人在社会化过程中本着与社会互动的理念，通过对一系列社会文化知识的习得，在认知、情感、意志、态度与行为等方面逐步实现由生物人向社会人的理性转变。米德认为："通过社会，冲动的动物成为理性的动物，成为人……他所具有的冲动性的目标变成了对既定目标的自觉追求。"② 通过对社会运行机制的正确把握，个体的社会行为更多地体现为一种"共相"，具有了一种新的普遍性。共同体化是人基于一定的共同体关切态度与同情意识，积极参与到思虑性共同体之中，由自我持存的利己主义态度向"己所立而立人，己所达而达人"逐步逼近的过程。社会化与共同体化虽涵盖范围不同，价值旨趣相异，但都以人的社会性为逻辑起点进行展开，主张社会成员之间的彼此合作而非尖锐对立。马克思说："人的本质不是单个人所固有的抽象物，在其现实性上，它是一切社会关系的总和。"③"社会关系实际决定着一个人能够发展到什么程度。"④"一个人的发展取决于他直接或间接进行交往的其他一切人的发展。"⑤ 人的脆弱性与能力有限

---

① [德]马克斯·韦伯：《经济与社会（上）》，林荣远译，北京：商务印书馆，1997 年版，第 70 页。

② [美]乔治·H. 米德：《心灵、自我与社会》，赵月瑟译，上海：上海译文出版社，2018 年版，第 21—22 页。

③ 《马克思恩格斯文集》（第 1 卷），北京：人民出版社，2009 年版，第 501 页。

④ 《马克思恩格斯全集》（第 3 卷），北京：人民出版社，1960 年版，第 295 页。

⑤ 《马克思恩格斯全集》（第 46 卷），北京：人民出版社，1979 年版，第 109 页。

性决定了人是一种依赖性的理性动物，是一种社会性存在或对象性存在。每一个个体都始终处于与他人密不可分的联系与交往中，不可能脱离活生生的社会关系而进行独立的实践推理。人的基本生存需要社会提供的生产资料与生活资料。人的德性发展需要以"镜中我"作为重要参照对象。他人对自我的价值评判在个体实现由"偶然所是的人"向"实现其本质性而可能所是的人"的转化过程中发挥着不可替代的重要作用。自我所由以产生的过程是一个社会化的过程，它意味着这一过程可能会产生一种比单独自我更为有力的集体力量。如果不追求社会关系中所有人的共同善，就不可能追求每个成员的个体善。总体来看，与从单独的个体行为出发解释社会现象不同，我们试图从有组织的社会共同体维度阐释并纠正个体的行为与态度。人的社会属性是社会化存在的前提与条件，也是社会化与共同体化共融共通的重要缘由。由此，在"社会"活力愈加显现、风险社会越来越作为一种新的社会发展形态而存在的现代化阶段，社会化与共同体化在应对全球风险与挑战的事业中、在自足性的强化中分别发挥着不可忽视的特定功用，都有可能塑造出更大范围、更广意义上的共同体以为人的安全与发展奠定坚实的基础。二者并非处于绝对对立的两级境遇中，而是共同构成人的可持续发展之基，共同阐释人之为人的基本规定性。

毫无疑问，社会化过程不断地使人们互相结成紧密的内在关联，并且有助于使其置身于特定的共同体中，基于共同的利益针对某一社会事项达成一致意见。然而，社会化对共同体化提出的明确挑战是，社会成员可能出于一定的利益考量交换个体所需之物，做出相应的亲社会行为，却不一定存在彼此间相互扶助的伦理关怀。社会化具有不同于共同体化的重要特征，它是对利益性结合体的理性诠释，而较少诉诸对情感共同体的感性表达。在其间，个体的发展容易被多元的社会利益所遮蔽，无法自主自觉地平衡与他者的道德关系，更无法将为他者的责任伦理作为对自我的一种价值要求。事实上，社会人格的塑造并不妨碍人为自身设定社会生活的脚本、场域与图式。在人人都是传声筒的自媒体时代，受工具理性的影响，社会化的价值取向出现偏离，将社会人格的塑造由目的异化为手段。面对现代社会技术与资本的合谋特征以及量化价值的盛行，事物本身的质性价值受到质疑乃至蔑视。社会化过程抽象掉个体的情感需要与自我实现的需要，只留下与利益有关的东西。人与人之间虽不存在霍布斯语境中显在的"战争"关系，却也呈现出更为隐形的且更难以防范的对抗关系。

由此,如何将社会成员内部的情感共鸣、德行互助视为公共生活的构成性要素,是当今社会的优质发展与重组需要并且值得反思的问题。

综括而言,社会化过程是一把双刃剑,对人的成长和发展存在积极和消极的双重作用。一味地适应社会发展的需要,顺从社会的规范性要求,沉迷于社会大环境的包围圈中,容易在纷繁变化的社会中随波逐流,为以功利性的计算为核心的社会竞争所支配,呈现集体无意识的恶性循环,缺乏批判性的判断思维,陷入没有标准的选择的焦虑与不安。礼尚往来好办事的思想作为社会化过程的功利取向的典型代表,维护的是参与社会运行的实际效益,而忽视了社会秩序的和谐运转。这种社会化过程从一开始就在给予与回报的情境之间作出计算与衡量,身处其中的个体与他人的密切交流与往来只是为了增进与他者相对的经济利益,他人因对自我持存的"有用性"而被视为可以合作的临时对象。这种以自我为中心视域下对他人的利益观照从根本意义上说只不过是一种外在的联合。相比较而言,共同体化比社会化的态度要深远得多,强调共同体成员应设身处地为他者着想,秉持友爱精神,置身于他们所影响之人的态度之中,在共同生活中实现深层次互动与交流。由此,共同体化完全可以超出社会化过程中的市场关系与功利取向,作为一种非市场关系与价值关系为人们提供实现美好生活的诸多可能。

2.2 道德教育共同体化的内涵考察

道德教育共同体化,是以共同体精神或公共人为培养目标的新型道德教育。具体地说,它通过道德教育使人们涵养以共同体精神为核心的公共性品质,同时,通过对道德关系的培植,让受教育者积极参与共同体生活,不仅关心他者,更拥有对社会、国家的积极关切。它以人的对象性存在为前提,以人们之间的对话与交往为核心,以互助式的伦理责任为旨归。通过构建团结合作、友好和睦、群策群力的新型道德共同体,凸显"命运与共"的本质定位与"为他人"的伦理责任,提升成员对道德共同体的认同感与归属感,化解"道德的人与不道德的社会"的伦理困境,强化公共性的道德行为。

2.2.1 前提:人的对象性存在

人首先是一种对象性的存在,始终进行着对象化的活动,这是人与客观世界达成自在圆融的一体性的重要方式,是人得以成为自身的先决性条件,更是道德教育共同体化成立的基本前提。究其原因，主要因为正是人的对象性存在这一属性体现了主体与客体的分化与统一，预设了由无数个对象组成的社会关系，敞开了道德教育主体之间的共在共生共存场域，为道德共同体的重新出场奠定基石。马克思认为："非对象性的存在物是非存在物。"① 离开对象这一不可缺少的参照物，人便成为一种虚无、空洞、抽象的孤立存在。从应然意义上说，人与对象之间存在着一种交互中介的关系，彼此互为中介，在道德世界中积极互动，并借由中介返回、确证、实现自身。由此，人是对象性的存在物。我是存在于我之外的存在物的对象，同时，我也以存在于我之外的存在物为对象。这是人的基本结构。在马克思的语境中，"人作为一种对象性的存在"这一界定涉及自然层面与社会层面。在此，我们以社会为基本视域，探讨它对于道德教育共同体化的重要意义。人作为一种对象性的存在，兼具受动性与能动性双重属性。人的对象化活动包含主体客体化以及客体主体化两个环节，是"没有固定本质、生而弱小无力的人为了确证自我、发展自我，不得不把自我、把外部事物设定为自己的对象（客观之我），既受制于对象又改造对象，从而既否定自我又肯定自我的活动"。② 以此为基础，道德教育的共同体化坚持合规律性与合目的性的统一，认为共同体对个体的规范性与个体发展的自由性并不是相悖的存在。它在强调受教育者对基本道德价值体系进行共识性确认的同时，肯定受教育者的道德选择与道德判断能力。

在道德教育环境中，自我意识以共同体化为中介与客观世界相遇，体验来自客观世界的规定性约束。每一个个体的道德活动都不是处于绝对的自由状态中，总会自觉或不自觉地受到道德规范这一"对象"的制约与规定，存在着对客观对象的天然依赖。从人性的生发维度来看，人有一种使自身共同体化的偏好，以便从共同体中获取滋养道德生活、增长道德智识的源泉，抑制人性之恶带来的负向损伤。在现实生活中，人们往往要追寻某种确定性、必然性和规律性来进行不同程度的自我确证，因为他们会在这种确定性的状态中更多地感受到共同体给予自身的无限观照。道德教育者依据社会公认的真善美标准对受教育者进行世界观、人生观与价值观的方向性引领，以为道德教育的合法性与合

---

① 《马克思恩格斯文集》（第 1 卷），北京：人民出版社，2009 年版，第 210 页。

② 张立达：《对象化和人的生存矛盾》，上海：上海三联书店，2011 年版，第 50 页。

理性进行辩护。这种标准规定着受教育者在既定的社会情境中应该如何做出合乎道德的行动。受教育者需要借助这种普遍的道德程式或客观的道德规定来表达道德自我,践履道德行为,进行自我规定。毋庸置疑,一系列的道德规范作为进入我们的道德视域中的对象性存在,是对主体客体化环节的充分诠释,构成了比我们的道德盲从更为丰富的实在,为我们达致一种"是其所是"的理想状态提供最基本的前提性铺垫。在道德教育的影响下,人们被塑造成具备公共道德特质的人,在道德观念、道德情感与道德实践等方面获得具体的现实规定性。换言之,人们复杂多样的道德性情获得了一种常规的现实存在。在道德教育的共同体化中,"化"的内容是共同体主导的、有利于维护国家统治、社会有条不紊运行的道德体系与价值准则,以便帮助我们应对个体化、碎片化时代的道德风险,将道德个体的偶然冲动约束在适当的限度内。由此,受教育者只有在首先成为道德教育对象的前提下才具备发挥主体性、开展对象化活动的资格与能力。将共同体化诉诸人们对道德有机秩序的积极肯认,归结为道德共识的普遍确立,是道德教育基本的逻辑出发点与逻辑中心点。

在共同体化的德育体系中,人的对象性存在以客体主体化或对象的属人化为重要介质。客体进入主体生存与发展的意义视域中,有利于充实人的本质力量,证明人之为人的价值准则。道德规范、道德秩序与道德权威对道德个体的关系并不仅仅是决定与被决定、命令与服从的关系。共同体意识的培育单靠教育者的外部灌输是难以实现的,它只能是道德教育对象在主动参与德育环节的各个过程中才能实现的共同体化的内在本质。由于单方面的统摄关系,道德教育者固然获得了表象上的对象性,然而,这种具有主宰性的对象性本质上却是一种非对象性。面对受教育者对创造性发展的致思,共同体化承认教育者与受教育者的双主体性,致力于将"受教育者"由规训对象、"共同体"的附属性存在提升为具有主体性构造、"共同体"的对象性存在,实现共同体化由浅入深、由表及里的内在转化。康德认为:"没有人能强制我按照他的方式(按照他设想的别人福祉)而可以幸福,而是每一个人都可以按照自己所认为是美好的途径去追求自己的幸福,只要他不伤害别人也根据可能的普遍法则而能与每个人的自由相共处的那种追逐类似目的的自由(也就是别人的权利)。"[①] 作为道德建构的主体,个体有着独立的道德人格、丰富的道德体验、理性的道德选择和对于"道德理想"的明确定位,并不满足于不自觉地接受道德权威的挟制。道德共同体不是一个凌驾和超越于个人道德完整性之上、盲目追求超道德义务的独立存在,而是建立在个人的道德选择、道德动机、道德计划、道德承诺等基础上、充分尊重人的自由全面发展规律的综合存在。道德教育的共同体化也不局限于人们对道德权威的绝对服从,而是更多地体现为人们通过自己的对象性关系,对道德本身以及对道德共同体发自内心的欲求与认同。道德作为一种可行的善,指引着无数个道德个体自发地渴求并努力实现它。与动物相比,"人却懂得按照任何一个种的尺度来进行生产,并且懂得处处都把固有的尺度运用于对象"。[②] 人们通过与道德教育资源所形成的对象性关系而实现的对道德资源的内化与吸收,对人的本质力量的延展来说,具有积极的增进作用。

综上所述,人的对象性存在依托于主体客体化与客体主体化两个环节,奠定了道德教育共同体化的逻辑前提。传统的灌输式德育将道德教育简单化约为教育者对受教育者的道德劝诫,将受教育者视为被动接受道德知识谱系的单向存在,使其无法借助对道德情境的现场参与获致道德的主体性,这无疑是对人的对象性存在的双重环节的严重肢解。与此相反,共同体化作为德育向度的创新性努力,以道德教育方式的民主化为重要表征,一改传统的灌输式与说教式德育范式,为受教育者基于内在信念而认同社会主义核心价值观提供系统性的担保。具体来说,共同体化使得受教育者跳出对程式化道德规范的被动服从的传统窠臼,在对一系列绝对命令等道德劝诫的理解、反思与批判中辨明何者为善且合乎正义,并将其内化为自身的道德气质,涵养良好的道德风尚,自觉主动地参与道德建设与道德治理。道德教育的共同体化既需要开掘个体自由自觉的德性意识,使人性之互助、和谐与友爱成为"好生活"的日常品性,也需要以规范性的正义与善确立起美好生活所必需的是非善恶标准。考察道德教育的共同体化,我们可以发现,克服由道德权威代替受教育者进行价值判断的僭

---

① [德]伊曼努尔·康德:《历史理性批判文集》,何兆武译,北京:商务印书馆,1990年版,第182页。

② 《马克思恩格斯文集》(第1卷),北京:人民出版社,2009年版,第163页。

妄之念,提升受教育者对道德教育的自主意识,才能使得受教育者实现客体性与主体性的具体统一,培育他们对于普遍性的道德原则的认同意识、对德性的敬畏意识与对道德共同体的归属意识。受教育者通过对象化活动广泛而深度地参与道德教育,在自由平等的道德环境中求取道德共识,自觉摒弃差序格局意识下差异化的人情原则,在道德关切中激发同情等道德情感,培育为他人的精神气质,共同致力于公共伦理秩序与公共道德空间的良性构建,这既是道德教育共同体化的应有之义,又是自我德性发展的内在要求与社会文明趋向完善的标志性前提。

2.2.2 核心:交往与对话

如果说人的对象性存在是对人的存在方式的形上界定,那么交往与对话则是对人的存在方式的具象表达。真正意义上的交往,绝非停留于世俗、物质层面的相互往来,而是深入到意义世界中对主体精神交往的价值指涉。人在公共空间中通过真实真诚的交往达致一种共感、同情与合作的状态,实现彼此之间的相互理解、意义共生与价值共享,并在这种关系理性中生成自我,趋向整全式发展。道德交往是散落在道德世界不同角落的道德个体的黏合剂,道德交往能力的培育是道德教育实现"成人之教"的重要组成部分。传统德育陷入迷思的重要根源在于其对不同的道德主体需要借助道德交往以达成道德共识这一观念缺乏理性认知。道德教育的共同体化立足于交互主体性的活动,依托于交往德育理论,拓展于"我们"之间的交往与对话,构建了道德个体通往道德共同体的理性桥梁,提升了公民德性教育的有效性。米哈伊尔·巴赫金将对话分为"自我""我—他""我—世界"等三类形式。"自我"是指个人的独白,封闭的自我言说;"我—他"是指我与他人均以不可替代的方式和位置进行交谈;而"我—世界"则是彼此相互生活在对方之中,通过对话来建构现实世界。① 道德教育的共同体化正是以"我—他"的道德对话、交往作为逻辑演进的重要底板与原驱动力,打破封闭式、孤立化的自我对道德开放性与可能性的压制,促成向"我—道德世界"的创造性转化。对话哲学视域下的我与他在道德观念、道德标准、道德行为、道德态度等方面所尊崇的"道并行而不相悖、求同存异"原则

---

① 转引自熊杨敬:《教育评价多元主体的共同建构——基于对话哲学的视域》,《教育研究与实验》,2018 年第 05 期,第 76 页。

是道德教育有序运行、伦理共识指日可待的观念担保。总体而言,以精神人格的相遇与意义关系的构建为核心的交往理性是道德教育的共同体化对公共人提出的构成性要求。通过交往与对话生成道德主体为他人的伦理关怀,造就主体间共同认可与理解的道德规范,实现对意义关系情境的积极创设,意味着道德教育将健全的共同体精神的培养作为通向优质发展的关键一环。

道德交往与对话需要遵循平等原则。平等的对话形式对于道德教育之所以是必要的,是因为道德教育作为关涉"成人"的学问,始终围绕人本身而非其他的工具性价值而展开,无论教育者还是受教育者都作为独立平等的道德主体而存在。教育者与受教育者之间、不同的受教育者内部之间借助平等的道德交往与对话,达到一种德性的视界融合。一方面,就教育者与受教育者的对话关系而言,道德教育的共同体化主张教育者与受教育者处于平等互助的交互共同体中,共同致力于道德共同体的当代建构。教育者不是道德教育资源的占有者,而是受教育者德性生长的启发者。同样,受教育者也不是基于教育者的权威性而接受道德教育的教化,而是基于教育者所传承的正义与善等德性理念而自觉参与道德教育。当道德教育者以强制性的道德命令诠释灌输式德育时,道德观念、道德情感、道德信念等一切能激发道德个体自主性的东西则会烟消云散。预先决定人们道德行为模式的灌输式德育不可避免地包含着以无主体的服从为核心的内在紧张。由此,任何将受教育者贬抑为无言的他者的灌输式德育实践,都是教育者"自我中心化"的典型表现,是对平等对话原则的严重忽视。另一方面,就不同的受教育者之间的对话关系而言,无论其社会地位、知识视野、经济状况存在多大程度上的差异,都不应将"弱势群体"置于道德对话的边缘,更不应将其视为现实生活的剩余存在物而排挤出道德互动场域。社会的弱势群体即使缺乏相应的经济、政治与文化资源,也依然存在着对幸福美好生活的向往与追求。道德教育的共同体化反对带有偏见的道德冷漠,主张"平等地尊重每一个人,并非仅仅针对同类,而且也包括他者的人格或他者的他性"。[①] 每个道德个体都有针对道德事件作出道德判断、阐述道德理由的机会与权利。平等的道德对话只关涉道德情境的相互透视、道德问题的共同解决与道德水平的

---

① [德]尤尔根·哈贝马斯:《包容他者》,曹卫东译,上海:上海人民出版社,2002 年版,第 1-2 页。

共同提升,而不涉及外在的附加条件。2019年2月,中共中央、国务院印发的《中国教育现代化2035》把"更加注重面向人人"作为推进教育现代化的基本理念之一。依托可共享的道德知识、道德资源与大数据平台,新时代德育为公民提供公平开放的公共界面,激活内隐于个体生命的公共性文化心理结构。

在平等的基础上,道德交往与对话需要遵循主体间相互理解的原则。伽达默尔指出,交谈是两个人理解彼此的过程。因此,真正的交谈其特点是彼此坦诚恳切、直露表白,因对方的观点有借鉴价值而真诚地接受。人之为人,需要被理解、被同情、被关切,以彰显自身的社会存在价值,实现由自然人向社会人的创造性转化。人的意义通过理解而被重新构造与诠释。这是道德教育共同体化的基本立足点与发展中心点,也是理解式对话得以可能的基本缘由。从人性发展演变的基本序列来看,人对被理解、被同情的需要比对金钱、名誉等外在的需要的外延要大得多。同情与理解作为人的存在方式,是人们在日常生活体验中对存在的充分确认,是人们克服脆弱性的善,超越工具性整合的狭隘界限,实现向关系性的善转变,创造意义共同体的关键性环节。离开理解的对话是僵化而片面的,它只停留在单纯直接的语言交流层面,未深入至道德主体彼此的意义维度,混淆了道德交往与对话的本真涵义,有悖于一种应然意义上的"成人"状态。在教育者与受教育者之间以及受教育者内部之间的交往与对话中,由于双方在道德认知、道德情感与道德态度等方面存在不同的视域,对道德世界与道德生活有着各自的理解,因此他们不可避免地会产生差异、矛盾与分歧。然而,道德教育的共同体化以对话双方的开放性与包容性为重要特征,主张以理解为介质带动一方视域向对方视域的积极扩展与融合,促进对话的高质量发展、可持续进行与辩证式运动。当然,道德问题的复杂性与人们对可能生活的持续向往决定了道德对话是一种无限的对话。在这种无限的不断生成的对话中,道德主体对共同体生活的定位更加清晰化和明朗化。道德个体之间的相互理解始终处于一种"进行时"而非"完成时","我"要通过不断地置身于他者的处境、真诚地听取他者意见,才能真正理解他者的价值观念。

此外,理解与认同具有极为切近的因果关联。道德交往与对话不仅仅局限于理解,更重要地在于通过理解所达致的承认乃至道德认同。我与他者的道德统一性是道德教育的共同体化的宗旨所在。"道德认同代表了一个相对明确、更有条理、更容易实现的计划或伦理的前提,这样的伦理前提能够被快速应用,或者自动地出现在做出道德决定的瞬间。"① 一个具有道德认同意识的人对于"我是一个怎样的人""什么样的生活是值得过的""我作为道德共同体的成员将要为道德共同体做些什么"等问题能够作出确切的正向回应。在具体的对话环境中,道德主体秉持"和而不同""求大同存小异"的态度,在平等的对话中承认彼此作为道德个体的差异性、多样性,在理性的互动中去除绝对的道德个人主义之弊,逐步深化对道德教育所传承的普遍性道德原则的理解,不断变革既有的道德图式,在此基础上达到一种视域的自然融合或者说对某一根本问题的一致看法,使得道德认同以及主体间的和睦友好成为可能。当然,道德认同并不否定道德个体主体性的发挥。有效的交往与对话需要深切的共通感,它所达成的道德共识不是教育者所灌输的由外而内的强制共识,而是无数个道德主体在共同的道德生活中基于理性的价值判断所形成的重叠共识。在现实的道德教育场景中,我与他者通过无数次真诚的、有效的、正当的对话、交流、讨论与沟通产生对"是与非""善与恶""在多样的价值冲突间如何作出正确的道德选择"的观点碰撞,以达到彼此之间的相互理解、包容乃至认同,推动道德共识落地生根。正是在这种无数次的价值碰撞中,普遍性的道德原则才确立起具有根本性的价值引导地位,彰显其对满足美好生活需要的不可或缺性,人们也才能逐渐肯认道德教育共同体化的合理性与道义性,获取道德行为的不竭动力,并在不断道德化的过程中自觉主动地作出合乎正义与善标准的道德选择。

2.2.3　旨归:互助式的伦理责任

道德教育的共同体化是责任伦理的实践养成,是角色认知的现实延展。马克思说:"作为确定的人,现实人,你就有规定,就有使命,就有任务,至于你是否意识到这一点,那都是无所谓的。这个任务是由于你的需要及其与现存世界的联系而产生的。"② 人生活在世界上总会面临各种各样的角色情境,并以一定的角色与他人和社会发生关联,角色构成社会共同体的基本单位,而无论个体承担何种社会角色,都不可能超出"他为别人的存在"与"别人为他的存在"的角色定位。换言之,只要个体与所承担角色的关系没有解除,个体就必须作

---

① Zhi Xing Xu, Hing Keung Ma. How Can a Deontological Decision Lead to Moral Behavior? The Moderating Role of Moral Identity. Journal of Business Ethics, Vol. 1, No. 3, 2016.

② 《马克思恩格斯全集》(第3卷),北京:人民出版社,1960年版,第329页。

为一种责任主体而存在,无法断离与角色责任的脐带关系,且要肩负起责无旁贷的道德责任。个体化社会道德冷漠、自私自利现象的出现无疑是对共同体成员这一角色的潜在威胁,更是对道德责任意识的消解。道德教育的共同体化对共同体角色认知与践行的要求则更为强烈。"团结合作、互助互爱"是社会共同体良性运行的重要底板,是道德教育的核心要义。勒维纳斯认为:"人类在他们的终极本质上不仅是'为己者',而且是'为他者'。"①当然,这种为他人的伦理诉求并不是对我作为"存在者"的分解与背离,而是对它的确证与延伸。"我"只有通过他者面貌以及为他人的伦理责任才能更加清晰地认识到"我是其所是"的主体本质,实现"我"的主体价值。道德教育的共同体化不是以"满足我的欲望、需求"为中心而发出的对利益相关者的短暂、有目的、有针对性的同情,而是以我与他人的伦理共在为前提、以为他人的伦理责任为中心的道德共同体持久性的、真实自然的生发与衍化。实质上,以短期利益为纽带的"责任伦理"是对主体间伦理共在的遮蔽或摈弃。由它产生的"共同体"是一种虚假共同体,把共同体成员抛入了一种"有合作,无团结"的生活空间当中,否定了价值共享的可能性。这种虚假共同体是对共同体之善的严重违背,缺乏稳固性与恒常性,一旦与之相关的利益联结过程被中断,道德共同体则会趋于崩塌乃至瓦解,为他者的责任意识也会随时面临着被剥夺的风险。

在此,我们首先需要对道德教育共同体化所指称的互助式伦理责任进行价值澄清。一方面,道德教育的共同体化主张人们基于人格意义上的平等展开利他行为。高人一等的"道德援助"无视他者人格的真实存在,是亚里士多德语境中"包含一方的优越地位的友爱"②,它作为道德教育主体一方站在道德高地对另一方施加的单向度的道德优越感的具体呈现,正逐步以道德、正义、友爱的名义消融互助化的本来面貌。也就是说,道德教育的共同体化所倡导的互助原则正在被大规模滥用。这正是"道德涂层""道德施舍"现象的典型体现,它导致了道德个体责任理念的价值错位。事实上,"友爱越强烈,对公正的要求也越

---

① [法]埃马纽埃尔·勒维纳斯:《塔木德四讲》,关宝艳译,北京:商务印书馆,2002 年版,第 121 页。

② 廖申白:《亚里士多德友爱论研究》,北京:北京师范大学出版社,2009 年版,第 96 页。

高。"① 要印证一个人对他者的友爱或负责程度，就要看他在公共生活中是否对他者表现出平等的价值关切。也就是说超出平等界限的"友爱"并非真正的德性或善，也不能被称为以"将心比心、感同身受、团结和睦"为核心表征的互助式责任伦理。道德教育共同体化所内涵的关系理性简单来说，就是一方真诚地希望对方好，是在平等的和谐生活意义上而言的，发挥着把孤立的个体联结起来的纽带作用。它立足于"人本"视域，要求给予人与人平等的道德地位，双方互相考虑对方的主观感受，互相尊重对方的道德意愿，将对方作为他自身而非我的附属品而存在，维护对方的人格尊严，编织温暖而舒适的友爱共同体，在"为他"的伦理行动中达到促进双方共同发展、共同享有的"好"的状态。由此，平等是互助式责任伦理的基本原则。任何建立在贬低他者人格基础上的道德援助都无法达致一种完满的友爱状态。它虽然在名义上是对道德责任的"积极回应"，也是对"不作为"态度的有力批判，但实质上却是一种伪道德援助，与不作为的道德态度没有本质区别。

另一方面，道德教育的共同体化与"毫不利己、专门利人"的态度也不同，我们不能简单地将其化约为绝对的利他主义。在道德教育发展的历史进程中，这种对自我利益持绝对否定的立场一度作为公认的主导性价值而存在。凡是自我关切行为都被视为是自私自利的责任缺失行为。究其实质来说，它体现了道德教育对"完人""圣人"的过高期望以及对"道德至善"理想的过度追逐，具有要求高、实施难度大等特点。毋庸置疑，这是对道德教育共同体化的狭隘理解，未能真正把握互助式伦理责任的根本内核。由此产生的后果显而易见，即对道德个体的自由自主性产生了严重的遮蔽，违背了个体成长发展的基本规律，忽视了自然人性的基本立足根基。道德个体不仅难以践履为他者的责任，反而容易萌生难以肩负重大道德责任的挫败感，继而产生对共同体责任的故意疏离。剥去绝对利他主义的道德面纱，就不难看出其所谓的崇高德性只不过是以牺牲人的自然本性为基础的道德拔高而已。值得反思的是，在这种疲软乏力的道德教育场域中，道德个体与道德共同体的内在统一关系愈来愈遭到人为的割裂。综括而言，利己主义与利他主义的张力在人们的日常生活中实实在在地

---

① ［古希腊］亚里士多德：《尼各马可伦理学》，廖申白译，北京：商务印书馆，2003 年版，第 246 页。

存在着,然而二者之间并非存在着不可调和的矛盾。生活于共同体中的成员应实现对二者关系的协调性把握。道德教育的共同体化作为对他人、对社会共同体的积极价值取向,必须充分顾及"我"的道德需要,它所强调的道德责任是一种有温情、有奉献、有责任而又不失自我本性的积极利他精神。当代道德共同体变革的关键之处在于将利己与利他关系加以协调,使之在价值阶梯中保持一个稳定平衡的价值体系。这种互助式责任共同伍之成立,可以说是基于一种自我持存与共同生活的联合需要而重新建构起来的。

因此,互助式的伦理责任作为道德教育共同体化的价值旨归,是道德情感与道德理性共同发挥作用的结果,具有普遍性的道德意义,它有助于推动道德治理的有序进行,促进社会主义和谐社会的构建。它将共同善的道德理念转化为现实的道德实践,是一种自由自觉的价值担当而非被动的命定式承担,是一种积极内在的肯定性力量而非消极外在的否定性力量。一旦互助式的伦理责任成为受教育者之间的道德常态,道德教育便会逐步超越个体化的原子化困境,推动个体人向公共人的现实转向。

2.3 道德教育共同体化的理论渊源

纵观人类社会发展的历史,我们可以了解到一个事实,即共同体是人之为人的重要保障,是人与社会实现内在融通的重要中介,更是人与社会存在的基本方式。共同体化与共同体互相印证,具有共同体化表征的共同体才能被称为真正的共同体。以真正的共同体为价值指向的共同体化才能对共同体进行动态的更高层次的伦理诠释。由此,与共同体有着密切关联的"共同体化",作为对共同体的持续推进与状态优化,自然也就有着深厚的历史底蕴。具体到道德教育场域,中国传统哲学的共在存在思想、西方哲学的主体间性理论以及马克思"真正的共同体"思想都为道德教育的共同体化提供极为宝贵的理论渊源。

2.3.1 中国传统哲学的共在存在思想

人不是自成一家的自在存在,而是共同生活的互动式存在,必须在关系视域中去理解。一方的态度与行为通过对方的态度与行为得以更清晰地表达与改进。在对人的界定方面,一般的存在论理论过于单薄,它虽然在证明人之为人的核心要义方面发挥着独特的作用,但是,体现着美好生活的价值理念却没有被充分挖掘。而共在存在论正是对一般存在论的补充与完善，在一般存在论基础上又往前推进了一大步。从人发展演变的价值逻辑来看，"共在"的价值序位要优先于"存在"。对人伦道义的责任担当要优先于自我价值的单独实现。究其原因，主要是因为共在是人的现实性存在的实质与"善在"的先决性条件，引导存在走向一种超越的、可能的、创造的意义视界。人与人之间的共在关系与共同善是中国传统哲学的核心议题。赵汀阳认为："共在存在论的基本原则是，共在先于存在。这意味着，任何事都必定形成一个共在状态，在共在状态中的存在才是有意义的存在，共在状态所确定的在场状态才是存在的有效面目……只有选择了共在方式，存在才具有在世意义。"[①] 安乐哲在《儒家角色伦理学》一书中将儒家伦理学定义为角色伦理学。他与赵汀阳所主张的共在存在论本质上具有一致性。由此可以看出，共在存在论的重点不在于任何一个静止的独立个体，而在于个体由家庭扩展到社会、国家的伦理关系。离开共在的存在论容易将存在论导向一个为了各自的存在而斗争的"死胡同"。儒家与道家等中国传统哲学带有强烈的关系导向，试图创造性地构筑一种关系性道德的解析图式，而非单独将个体作为一种实体性存在来进行阐述，因此，它与西方古典道德哲学对个体道德的形上关注有着极为不同的内在区别。中国传统哲学力求还原家国人伦语境中人的关系性本质，讲究人与人之间互助互爱的"道义性"原则，助力于道德共同体的完满性存在与和谐社会秩序的有机构建，为个体正确处理与他者的关系提供明确的方向性指引，为当代道德教育的共同体化提供古老的思想智慧。不充分意识这种关系向度，就无以洞察中国传统哲学的核心要义与价值归属。

儒家哲学既没有给思辨分析传统留下余地，也没有对形而上学思维方式的过分偏爱。自我这一概念并没有在形而上学意义上被使用。儒家认为自我不是一个独立实体的概念，它在本质上是一种向他者延伸的道德关系，在参与家庭和社会生活的过程中得以形成和改造，是一个持续建设中的有机体。儒家强调包含个人身份的东西是在社会背景下构成的，应该在多层次的公共维度中进行揭示和检验。没有他人，没有社会关系，自我就没有扎根于现实生活的基

---

① 赵汀阳：《共在存在论：人际与心际》，《哲学研究》，2009 年第 08 期，第 26 页。

础。质言之,"儒家关于自我的本质是一种关系型自我。"① 这奠定了中国传统哲学的基本基调。万俊人在对比儒家美德伦理与亚里士多德语境中的美德理论时,力图避免将儒家伦理放在西方伦理体系中进行考察,他尤为强调,"儒家的美德伦理首先是且根本是关系中的'协调性'义务规范和对这些规范的内化践行,而非独立的个体目的性价值的完成或目的实现。"共在存在被解释为社会用以检验人之道德与否的重要标尺。当然,儒家并没有明确提出共在存在这一哲学概念,它只是借助"仁、义、信、忠、恕"等具体的德性概念来诉诸共在存在思想,表达其对人的本质所具有的重要意义。"夫仁者,己所立而立人,己所达而达人。""己所不欲,勿施于人。""仁者爱人,有礼者敬人。爱人者,人恒爱之;敬人者,人恒敬之。"如此种种都表明,君义臣忠、父慈子孝、兄友弟悌等仁义忠孝原则作为儒家尊崇的道德行为准则,所体现的正是对人与人之间"共在存在"关系的深入理解。儒家视野下的个人从来都不是孤立存在的,他必须且只能立足于宗亲人伦关系的网络之中才能被表达,借助于关系这一有效中介才具有存在的伦理价值。简言之,超出人伦关系语境的道德个体是不可言说、不可诠释、不可实现的。

儒家主张人的关系性存在或共在存在,却"并非不关照人作为独立道德个体之'己'的完成"。② "我欲人,斯人至矣""仁,人心也""为仁由己""慎独""修身"等便是儒家关照道德个体的典型体现。郭齐勇指出:"儒家伦理中的道德心性和良知良能,贯穿于个体的成长过程,有了它,个体处于任何角色关系之中都能承担责任和义务,并能解决好角色冲突。"③ 人之为人,首先在于其是有德性之人。如何提升自身的道德境界便成为儒家伦理不可回避的重要主题。当然,儒家伦理对个体的关照远非西方式个人主义的变相体现,它依然以共在存在的关系视域为基本前提关注个体的"成人"之道。儒家哲学畛域中的人我关系以德性为基础,以对个体道德的内在修养与对公共道德的外在践行的双重

① Kim, Sungmoon. Beyond Liberal Civil Society: Confucian Familism and Relational Strangership, Philosophy East and West, Vol. 60, No 4, 2010.

② 洪晓丽:《儒家视阈内群己关系之考察——以"仁"为中心的展开》,《道德与文明》,2018年第05期,第68页。

③ 郭齐勇、李兰兰:《安乐哲"儒家角色伦理"学说析评》,《哲学研究》,2015年第01期,第47页。

肯认为中心,反映出其对个体与共同体在关系境域中得以统一的基本主张。由此来看,儒家哲学的关系视域更多地着眼于一种内在价值而非外在功能。在复杂多样的社会关系网中提升个体与他者共在存在的德性与能力,是儒家哲学为当代道德教育提供借鉴价值的关键所在。

此外,道家哲学也同样注重存在者之间的共在存在关系,以关系为基本分析单位,高扬以"道"为坐标原点与根本规律的普世伦理道德或普世情怀,为人们日常的行为处事提供整体性的方法论指引。赵汀阳指出:"道的形而上学对存在本身既不惊讶也不困惑,它根本不认为存在是个问题,而认为存在者之间的关系才是问题。"① 道家把人与万物置于宇宙整体域与统一的自然原则中,在道、天、地、人四维之间铸造一种系统的逻辑关联,使其中的任何一维只有在彼此相互依存、共融共通的前提下才具有存在的价值。老子反对人类中心主义的价值立场,并不倾向于以我或他者为出发点,而是立足于宇宙大视野思考人本身。老子所说的"天地不仁,以万物为刍狗"意指人与他者同属于万物的平等性。"人法地,地法天,天法道,道法自然"是道家哲学的经典表达。它表明了人与他者(天、地、他人)作为万物的一分子,处于密不可分的内在关联中,共同归属、指向于"自然"并自觉地遵循"自然"。当然,这里的自然并不是指作为物质形态而存在的自然界,而是指人与人之间自然和谐的生存状态。与儒家伦理体系以"推己及人""爱亲到爱人"理念来论证共在存在关系的方式不同,道家强调存在者(包括人、自然万物)之间在"道"与"自然"的统摄范围内所具有的天然平等的动态共存性。

由上可知,中国传统哲学的共在存在思想表达了对"关系理性"与"共同体"向度的鲜明认知,体现了对我与他者对立分化关系的根本批判。我们必须清醒地意识到,以儒家和道家相关哲学理论为依托的共在存在思想深深根植于家国同构、熟人社会以及乡土社会的历史传统,为人的生存方式提供真实的思想智慧。然而,由于中国传统社会中人际关系由家族延伸至外的差序格局现象,中国哲学所秉持的共在存在思想隐含地预设了以权威秩序为主导的"不平等性",在某种程度上依然存在应然与实然的具体偏差,具有强烈的血缘性、道德的狭隘性与友爱的秩序性、排他性。此外,在集体本位的传统社会背景下,中国

---

① 赵汀阳:《第一哲学的支点》,北京:生活·读书·新知三联书店出版社,2013年版,第86页。

传统哲学的"共在存在"思想对道德个体的强调还不够凸显，缺少以自主性、选择性与创造性为核心的主体性发展环节，这无疑是关系理性发展不充分、不平衡的标志。因此，中国传统哲学的"共存共在思想"要经过批判性继承与创造性转化才能更好地为当今社会道德教育的共同体化转向提供建设性思想资源。

2.3.2 西方哲学的主体间性理论

目前，学术界以主体间性理论为切入点来研究道德教育的本质、发展走向与未来进路等问题的学者数不胜数。究其原因，主要因为主体间性的核心在于所涉双方在社会层面的有效互动。道德教育的本质在于个体在和谐的社会秩序中形成的"共同体化"状态。由此来看，二者有着天然的密切联系，都是对"关系理性"的诠释。主体间性理论由此为道德教育的共同体化提供不可缺少的思想资源。回溯主体间性理论的发展历程，我们可以看出主体间性是西方哲学发展史上新的致思取向。黑格尔、米德与哈贝马斯等人认识到以笛卡尔、康德等为代表的意识哲学范式的重大缺陷，于是不约而同地确立了以主体间性理论为代表的新的哲学范式，以期对意识哲学范式下主体性的过度膨胀作出批判与回应。毋庸置疑，主体性向主体间性的转向为缓和道德主体间的矛盾与冲突，转变原子式个人的相互敌对状态，实现对"人之为人"的救赎，推动道德教育的个体化向共同体化的转向奠定重要的理论基石。

黑格尔受亚里士多德的启发，对古希腊的城邦政治制度赞叹有加，并将古希腊城邦的共同体精神作为承认理论的重要参照。"在黑格尔看来，现代自然法理论只能以'一体化的多数'这种抽象的模式，而不是按照一种所有人的伦理一体性模式，来想象'人类共同体'，也就是说，'人类共同体'只能被想象为孤立主体的组合。"[①]"为了赋予哲学社会学以一种新的基础，黑格尔建议，第一步就是用主体间的社会关系范畴取代原子论的基本概念。"[②]黑格尔采用一种互主体性的哲学视野，认为"一个和解的社会只能被理解为一个自由公民组成

---

① [德]阿克塞尔·霍耐特：《为承认而斗争》，胡继华译，上海：上海人民出版社，2005年版，第17页。

② [德]阿克塞尔·霍耐特：《为承认而斗争》，胡继华译，上海：上海人民出版社，2005年版，第19页。

的伦理共同体"。① 通过黑格尔的以上言论,我们可以看出,他试图阐发伦理共同体的内在结构,开创社会互动的形式,推动道德主体之间共同体意识的真正确立。具体来说,黑格尔从家庭、市民社会与国家三个维度界说了三种不同的承认形式。首先从家庭与爱情出发,认为只有当爱情中的两个主体都认识到对方对自己情感需要的满足、承认与信任时,才能摆脱孤独的存在状态,将基于感性与冲动的情感依恋发展为家庭构建所需要的成熟的爱。其次,黑格尔立足于市民社会视角,将法律作为主体间相互承认的重要纽带。黑格尔认为,在对抗性的竞争社会,法律立足于犯罪—惩罚的一般程式,为人们提供一种规范性的伦理约束,使人们克服自私自利的本性,规避因对抗性斗争造成的整体性威胁,进而创造出和谐有序的道德关系。最后,黑格尔立足于国家和共同体视角,将个人视为特殊的社会化主体,将国家视为普遍性的伦理关系的典型代表。个体在国家这一共同体中为了他人对自我完整性的承认而斗争,并通过斗争获得彼此间的承认与认同。总体来看,黑格尔采用了肯定—否定—否定之否定的形式来阐述承认关系发展的一系列进程。

在黑格尔"为承认而斗争"的理论基础上,米德对其作了唯物主义的转化。作为一名社会心理学家,米德注重对心灵、自我与社会本性的详细洞察。米德认为:"对人性的任何心理学论述和哲学论述都包含这样一个假设,即,人类个体属于一个有组织的社会共同体,并且从他与整个共同体以及与共同体其他个体成员的社会相互作用及联系中形成他的人性。"② 首先,在心灵方面,米德从来都不是从个体心灵出发去推演、阐释社会,而是试图通过社会化过程来阐述其对个体心灵的融入与激发功能。米德认为只有当社会过程作为一个有机整体被纳入个体的日常生活中去时,当互动伙伴对自我的言行态度作出反应时,个体对他者、它物的反射意识才具有实质性内容,心灵也才得以产生、显现。其次,在自我方面,米德认为自我本质上是一种作为对象性存在的社会结构,自我认同社会共同体的普遍规范,通过把自己置于普遍化他者或共同体角色的扮演中,逐渐取得共同体成员的有效资格。与此同时,米德将自我区分为

---

① [德]阿克塞尔·霍耐特:《为承认而斗争》,胡继华译,上海:上海人民出版社,2005 年版,第 18 页。

② [美]乔治·H. 米德:《心灵、自我与社会》,赵月瑟译,上海:上海译文出版社,2018 年版,第 261 页。

"主我"与"客我"两部分,认为客我是与社会期待相一致的社会化的我,主我是与自我欲求相关的内在冲动的集合。他在主我的冲动与客我的规范之间建立了一种系统的关联,使其在稳定的共同体内保持适度的张力。最后,在社会方面,米德强调要使心灵与自我发挥效用,就必须承认社会在时间和逻辑上的双重优先性。代表感性冲动的主我与代表理性规范的客我在社会过程中得以融合。投身于社会公益活动作为对社会共同体积极贡献的表现,同样也使得个体获得自我尊重。总体来看,在米德看来,心灵与自我都是社会的,自我与社会的互动性决定了利己与利他关系是统一而不可分裂的,这使得他超越了对利己主义与利他主义对立关系的伦理论争。

哈贝马斯肯定米德的主体间性理论,指出:"米德第一个深入考察了这种作为社会产物的自我的主体间性模式。"① 但他认为米德的主体间性理论依然有扩展的可能。与米德将关注点放在社会关系中的自我视角不同,哈贝马斯更加强调基于人与人的交往理性、语言互动与对话所形成的社会维度,开辟了主体间性理论的新进路。一方面,面对现代性风险与意识哲学范式的发展困境,哈贝马斯主张以民主式的交往理性取代强制性的工具理性,以主体间性理论取代主体性理论。在"以物的依赖性为基础的人的独立性"阶段,现代性的迅猛发展将主体性推向极端,把理性与价值之间的内在关联逐渐拉开,导致"有理性、无价值"的"理性至上"现象,引发启蒙理性的悖论,印证了意识哲学范式的弊端。工具理性是对启蒙理性的误读,人之为人的本质力量在其对外在技术、经济利益等工具理性的热切追求中被遮蔽,丧失生命的本真面貌,从而处于一种异化状态。由工具理性支配的个体愈发朝着功利化方向发展,并在其间不断进行德性交易、价值消解活动,趋于精致的利己主义者。由此,交往理性秉持主体间互为对象的原则,是哈贝马斯主体间性理论成立的基础,是他实现对工具理性的批判性指认与对启蒙理性的重建的重要环节。另一方面,哈贝马斯摈弃独白式的主体反思活动,赋予商谈以重要地位,认为他人的意见对自我的发展具有构成性作用,并将商谈作为道德主体间达成共识的中介以及检验道德规范是否合乎正义的关键。哈贝马斯创造性提出了旨在为交往行为提供切实指引

---

① [德]尤尔根•哈贝马斯:《后形而上学思想》,曹卫东等译,南京:译林出版社,2001年版,第191页。

的"普遍语用学"。在他看来,合理有效的交往行为依托于丰富而又具体的话语体系,具有意见的真实性、沟通的真诚性、交往双方的可理解性和合乎规范的正当性等基本要求。"每一个有语言和行为能力的主体在自觉地放弃权力和暴力使用的前提下,自由、平等地参与话语的论证,并且,在此过程中,人人都必须怀着追求真理、服从真理的动机和愿望。"① 这正是持有不同价值立场的道德主体克服无限的道德自由招致的道德偏见,摈弃逻各斯中心主义,将他者的视角纳入自我发展的框架中,达成普遍意义上的道德共识的重要参照。

综上所述,黑格尔、米德与哈贝马斯等人将关注的目光从主体性转换至主体间性,认定关系思维对单一主体性思维的逻辑优先性,从主体间性出发批判意识哲学范式所造成的"孤立的自我",释放被遮蔽的"他者",推动伦理共同体的有效构建。一言以蔽之,西方的主体间性理论以关系的方式去把握人,主张主体之间的视界交融与和睦友好,或多或少地为道德教育的共同体化转向提供建设性方案。但是,主体间性不只体现在主体间的相互商谈中,更体现在具体的共同生活中。已经确定的交往共同体,是否能够持续发挥效用,不仅是一个需要在理论上加以确证的问题,更是一个需要在实践中加以维持、保障与发展的问题。与马克思相比,黑格尔、米德与哈贝马斯等人所秉持的交互主体性原则依然停留在对人际关系的静态把握或者更关注精神交往层面,在现实实践面前难免略显逊色。

2.3.3 马克思"真正的共同体"思想

为了追求人与社会的双向发展,马克思立足于历史唯物主义视野,冲破了实体思维的困厄,确立了切实的关系思维这一贯穿于共同体思想的基本立足点,对关系思维进行了深度关切,并将关系向度糅合于人的"成人"过程中,注重人的关系理性的实践养成。马克思认为人与人、人与社会、人与自然在本质上都是密不可分、融为一体的,具有内在的同一性。他依据人类社会历史发展的不同阶段,即原始社会、阶级社会与共产主义社会三大阶段,把共同体划分为相对应的"自然共同体""抽象的或虚幻的共同体"与"真正的共同体"三大形态,并将各个阶段的共同体特点揭示得淋漓尽致。马克思认为共同体的这三大形态依次演进,并呈现出一定的演进序列。自然共同体作为共同体的最初形

---

① 章国锋:《哈贝马斯访谈录》,《外国文学评论》,2000 年第 01 期,第 29 页。

态,建基于原初的血缘关系,本质是一种血缘共同体、熟人共同体。它的形成与确立是人类为了实现最低限度的生存、满足最基本的需要而自发联结起来抵抗外在威胁的必然结果。"抽象的或虚幻的共同体"作为资产阶级维护其统治的重要工具,不满足于家族内部的血缘关系,而是建基于复杂多样的利益关系,它所标榜的"共同善"实质上只代表了特定阶级的特定利益而非共同体内部全体成员的共同利益。马克思称之为"虚幻的共同体",是因为与真正的共同体相比,它在本质上是一种缺乏温暖的共同体感觉或者说是冷冰冰的、异化的"共同体",是一种可以进行市场交易的对象,不仅无助于成员的自由全面发展与成员间的互助和谐,反而作为一种枷锁而存在,是特定利益阶层对成员施加的压制与束缚,使人们陷入被统治的泥潭。真正的共同体作为共同体发展的未来形态与真实形态,指引着现实的个体超越个体化困境,不断向其迈进。在马克思看来,真正的共同体是"这样一个联合体,在那里,每个人的自由发展是一切人的自由发展的条件"。[①]这样一个联合体包含了主体间丰富的具体联系,超越了虚假共同体的片面性与局限性,旨在实现人类解放,赋予个体发展以充足的空间,使人成为真正意义上的人,为社会共同体的和睦式发展提供动力。人与人的内在联合也因此具有了真实的凝聚性力量与友好的德性力量。

马克思"真正的共同体"思想最为集中地体现了区别于并超越于客观理性与主观理性的新型理性——关系理性。纵观西方哲学发展的历史,我们可以得出一个结论,即任何客观理性或主观理性的单独运行都是对个体与共同体内在统一关系的无意识解构,都无法助力于人的自由全面发展。在传统社会,自我意识尚未萌芽,无主体是人的日常存在状态,加之单个人力量的薄弱性,客观理性往往以共同体对个体的同质化、齐一化形式在人们的日常生活中占据支配与统治地位,压抑了人的自由个性发展。强制性的价值共识使得"没有选择的标准"成为传统社会客观理性至上的典型表征。在现代社会,主体意识的觉醒促成独立主体的生成,使得主观理性对客观理性的瓦解、转换与替代成为可能。人们不再盲目服从于抽象共同体的外在支配与统治,反而自觉主动地以自我为中心,将主体性的无限发展与延伸作为指引现实活动的重要准则。当然,主观理性的获致是人区别于动物的重要标志,或者说是人之为人的标志性体现。它

---

① 《马克思恩格斯文集》(第 2 卷),北京:人民出版社,2009 年版,第 53 页。

在人的自我生成与自我确证过程中扮演着"催化剂"与"助推器"的角色。但是,以牺牲公共精神与共同感为代价的自我发展,却是对人的整全性的肢解,容易陷入自我中心主义的窠臼,难以战胜现代性发展过程中的个体化风险,具有脆弱性与不可持续性等特点。"没有选择的标准""无公度性的道德相对主义"成为现代社会主观理性至上的典型特点。由此,马克思力图超越个体与共同体分化的僵化体系,希冀实现二者的共融共通,突破实体思维的藩篱,并旗帜鲜明地以关系理性来解释人与社会,以共同体化的价值取向为以共同生活为原型的良序社会确立依据。值得欣慰的是,在马克思的哲学视野中,客观理性与主观理性由"分"发展为"合",关系理性成为新的价值眷注。

具体来说,马克思"真正的共同体"思想作为一种关系思维,主要是通过"社会关系"的致思逻辑来研究"人的本质的现实生成"或者说人与社会的完整共生。一方面,马克思将现实的个人视为历史生发的基本前提,肯定现实的个人在共同体发展中的基础地位。在马克思看来,无论共同体的表现形式如何跃迁,都不可能把具体多样的人性完全清空。现实生活中无数个活生生的个体始终都是共建真正的共同体的重要物质力量。每一种共同体的生成,都是个体试图理解他人、走向他人的一种尝试。从这种观点出发,个体特性绝不会而且也绝不能被共同体的普遍本质所淹没、所稀释。另一方面,马克思强调现实的个人依傍于、生成于社会关系之中,每一个个体在社会关系中都有与之相对应的对象,都有被他者认可与承认的殷切诉求。个体的价值选择不能脱离社会环境。被剥夺了共存关系的个体也同时失去了对象性存在的本质,失去了与他人和解或"成人"的机会与权利,无法弥补原初的构成性缺陷。马克思认为:"人是最名副其实的政治动物,不仅是一种合群的动物,而且是只有在社会中才能独立的动物。孤立的一个人在社会之外进行生产——这是罕见的事。"[①]众所周知,动物也具有合群的天性。因此,简单的合群并不能说明人与动物的本质区别。人是动物,但又不仅仅是动物。人为了活着、为了生存而趋向于合群意识,但更是为了"存在"而趋向于比合群意识更进一步的共同体意识。个体合群不代表个体的主观意向可以被共同体代表的客观力量所消融。在扎根于复杂多样的社会关系、最大程度地为他者、为社会共同体作出积极贡献的同时,时刻保

---

① 《马克思恩格斯文集》(第8卷),北京:人民出版社,2009年版,第6页。

持自身独立自主的个性,实现个体与共同体、个体存在与类存在、受动性与主动性的有机统一,才能愈加彰显人之为人的价值理性。

尤为重要的是,"人的本质不是单个人所固有的抽象物,在其现实性上,它是一切社会关系的总和。"① 是一个集事实阐述与价值规范于一体的全方位综合命题。就事实阐述来说,它主要与对人的存在方式的历时态与共时态考察相关,是立足于唯物史观层面对人的本质的根本界定。就价值规范来说,它主要与共同体视域下的人性发展与价值实现相关,是对应然意义上的利他性伦理行为的价值规定,体现了人们对美好生活前景的无限希冀与向往、对良善生活的自觉追求与对是非善恶标准的价值表达。以共同善的价值理念引领生活,让美好生活充满互助式的和谐价值,这是虚幻共同体迈向真正共同体的曙光和希望。然而,以人的互助式存在、责任伦理、共生共在、命运与共关系为核心的共同体化的应然价值作为美好生活的精神支柱,却遭到长期忽视,被人为地规避。对事实阐述与价值规范关注、研究的不对等亟须得到纠正。而对异化问题的纵深关注与对人类解放境界的矢志追求则是对该现象进行及时纠正的重要维度。无论在理论研究层面还是在现实实践层面,我们都可以看出,人类解放作为贯穿马克思思想的核心,是马克思的毕生追求与崇高事业,体现了马克思对以人与人的互帮互助、自由人的联合体为核心的关系理性的自觉意识,表达了马克思对将人"我"关系置换为人与"物"关系这一对人的存在样式的片面解读的彻底批判。马克思语境中"他自己为别人的存在,同时是这个别人的存在,而且也是这个别人为他的存在"② 作为共同体化价值规范的鲜明体现与基本释义,揭示了真正的共同体的应然面貌,即我与他者不是互相占有,而是互相关爱;不是互相对抗,而是互相合作;不是互相利用,而是互相帮助。由此,马克思真正的共同体思想明确了实现人类解放、迈向自由、幸福生活的必由之路。

---

① 《马克思恩格斯文集》(第 1 卷),北京:人民出版社,2009 年版,第 501 页。

② 《马克思恩格斯文集》(第 1 卷),北京:人民出版社,2009 年版,第 187 页。

3 道德教育共同体化的历史演变

　　个体与社会共同体的关系是道德教育关涉的一对重要范畴。对这对范畴的不同理解，直接影响到道德教育的总体发展趋向或走向。究其原因，主要因为人是个体性存在与社会性存在的综合统一体。而道德教育始终肩负着立德树人的重要使命。这便引出了一个重要命题，即道德教育无论如何都绕不开对个体存在的双重属性的基本关涉。纵观道德教育由古至今的发展历史，我们可以发现，随着社会发展的外在环境与人们内在思想动态的不断变化，并且根据对个体与社会、集体或共同体内在关系的不同理解与把握，道德教育分别经历了传统集体主义向度—个体化—共同体化的历史性演变，这也体现了一种对传统集体主义的肯定—否定—否定之否定的思维发展逻辑。具体来说，道德教育的传统集体主义向度是共同体化的最初形式。道德教育的个体化是共同体化形成的必经阶段。新时代，为应对个体化发展的诸多困境，道德教育的共同体化作为一种新的理路，得以显现，并在未来不断完善。

　　道德教育的共同体化以传统集体主义向度为最初形式。传统中国的伦理纲常教育与新中国成立到改革开放前的道德教育都立足于集体本位或群体本位，强调"大我"优先于"小我"的价值排序，体现了传统集体主义的伦理取向。当然，我们肯定社会主义集体主义精神的重要价值，但是，在这里，这种以"集体在场与个体缺场"为核心特征的伦理取向并没有完全遵循社会主义集体主义的正统原则，是对道德个体主体性的严重遮蔽。改革开放初期，随着人们主体意识的不断觉醒、个性的不断解放以及思想活动的多元化，个体化在道德教育场域中占据重要地位。它立足于个体本位,摈弃"为他人而活"的道德理念,秉持"为自己而活"的道德主张以及"小我"优先于"大我"的价值排序。道德教育的个体化在促进个体自由发展的同时又使其陷入道德相对主义与价值虚无主义的陷阱。新时代以美好生活为导向的道德教育以及社会主义核心价值观的有效践履使得道德教育的共同体化应运而生,它旨在提出道德教育个体化困境的救治方案,实现对道德个体与道德共同体的双重关照,推动互助合作式道德关系的新时代建构。

3.1 道德教育的传统集体主义向度

传统中国的伦理纲常教育主张人生存于多种多样的伦理关系之中,且要自觉遵循"礼"的道德秩序。新中国成立初期到改革开放前的道德教育旨在塑造整齐划一的"无我"面貌。这种以集体的在场与个体的缺场为核心特征的道德教育是传统集体主义理想化的鲜明体现,忽视了道德个体在道德教育场域中扮演的重要角色,与共同体化存在性质上的根本差异。

3.1.1 传统中国的伦理纲常教育

传统中国的伦理纲常教育首先立足于、生发于家国同构的宏观政治环境。家国同构是中国传统社会的核心模式,在传统社会的政治结构中占据主导地位,这不仅是传统社会具有高度黏合性、统一性与超稳定性结构的重要根源,而且是道德教育呈现传统集体主义向度的内在缘由。具体来说,家是最小国,是国的缩影与基础,家构成国家的基本单位。"欲明其德必先治国,欲治其国必先齐家。"国是大家,是家由同心圆内部向外部的层层延伸与扩大,"普天之下,莫非王臣;率土之滨,莫非王土。"从价值序列的演进角度来看,"国"的价值与意义在"家"之上。对家长的"孝"与对君主的"忠"是每一个子女与每一个臣民应尽的义务。移孝作忠作为儒家的基本理念,要求民众按照对待家长的孝的原则对君主、对国家尽忠。正是这一理念构成了家国同构得以成立的基础。由此可见,忠孝相通、君父同格是以家国同构为核心的政治结构在伦理层面的具体体现。或者说,家国同构逻辑在理论与现实层面的具体展开,就必然要论及形成于该逻辑基础上的忠孝伦理观念。道德教育所鼓励与肯认的不是让人去做一个独立的有价值的个体,而是去做一个孝子与顺民。"君叫臣死,臣不得不死,父叫子亡,子不得不亡"将臣民与孝子的道德形象描述得淋漓尽致。当然,国优先于家的价值序位决定了家与国的双向互动存在一定的困难与挑战,不能始终保持一种良性运行的发展状态。国家力量的日益强大与家庭力量的日益缩小使得家庭逐步走向边缘位置,成为国家的附庸式存在。与此同时,国家成为限制家族、家庭与个体力量成长壮大的新的桎梏。在传统社会的价值系统中,放大的家—国家作为一种有秩序的强制性的价值共识,远比原初的"家"重要。统治阶级为了巩固统治地位,从道德教育的角度加速了臣民对国家顺从的步伐。面对忠孝难两全的道德境遇,道德教育者提倡忠优先于孝、集体利益高于个人利益或者说群体本位高于个人本位的道德行为模式。显而易见,这种以统治阶级的价值灌输为核心的德性教化方式在一定程度上抹杀了个体的独立人格。

传统社会的伦理纲常教育以"礼"为核心范畴。礼是一个重要的伦理与政治概念,具有对道德生活与政治生活的双重关涉。礼教是贯穿道德教育过程的核心线索,预设传统道德教育的基本方向与价值取向,对人们道德态度与道德行为的影响深入肌理。道德生活与政治生活的共融共通决定了以礼教为核心的道德教育带有强烈的政治色彩。从源头上来看,礼教从产生之日起便与血缘宗法制度支配下的社会架构有着密不可分的内在关联。因具有等级森严的规范礼仪,礼教作为统治阶级的重要工具,体现出极强的社会教化与社会控制功能,任何一个个体都不可能从强有力的社会规范中抽离。具体来说,"礼"为人伦关系设立了一系列标准化的规范体系,供处于人伦关系网中的个人遵循、践履。"礼"的规范渗透于人们日常生活的方方面面,从称呼、祭祀、日常饮居到教育等,指引人们依据特定的"礼"的程式形成特定的行为定势,正确处理君臣、父子、兄弟、夫妇等的人伦关系,做出合乎"礼"的确定的道德行为,使人们在强有力的社会约束下有条不紊地生存、生活,进而构建和谐稳定的社会秩序。当然,就积极意义而言,礼教发挥着化性起伪、教化人性、德性养成的重要功用,推动着人由自然人向文化人的逐步迈进。《荀子·非相》中提道:"人之所以为人者,非特以其二足而无毛也,以其有辨也……故人道莫不有辨,辨莫大于分,分莫大于礼。"礼义廉耻是人区别于动物的基本道德准则,作为道德教育的核心内容向大众传递,被大众接受,使之成为人们的安身立命之道。但是,这种以尊卑有别、克己复礼为拓展点的伦理纲常教育通过一系列的固定规范与繁文缛节加强社会控制,将个体埋没在集体化的仪轨中,具有重外在形式与行为,轻内在认同的重大缺陷,一言以蔽之,这种社会控制忽视了个体发自内心的情感认同要素。总体来看,人文礼教注重人之为人的本质性目的与和谐社会秩序的有机构建,是一种成人之教,封建礼教注重人对礼仪规范的无条件顺从,是一种工具之教。二者有着本质区别。封建礼教对人文礼教的压制助长了它的虚伪性,使得伦理纲常教育带有扭曲的集体主义特征。

如果说,家国同构的政治结构与"礼"的道德秩序是对道德教育传统集体主义取向的宏观表达。那么,从微观层面来理解的话,传统社会的公私之辨与义利之辨作为贯穿伦理观的核心话题,便成为研究道德教育价值取向的一个重要切入点。总体上来看,"崇公抑私""大公无私""舍生取义""重义轻利"等作为传统社会的主流思想,也逐步成为统治阶级实施道德教育的价值导向,体现了传统社会集体主义的文化表征,为长期以来的义利之争提供确切的解决方案。纵观传统社会的发展历史,道德教育的传统集体主义价值取向有着明确的历史谱系与历史印记。事无大小,皆有义利。面对义与利何者具有优先性的问题,儒家自孔子开始,便有义重于利、公利胜于私利、义与公具有优先性的道德传统。儒家主张通过德育教化提升个体为公利而自觉让渡私利的理性。毋庸置疑,这是儒家对公共性的深入思考,对于社会生活中的丛林之争具有一定的解放意义。然而,宋明理学在继承儒家所推崇的义利观的基础上,将其推向极端。公与私的对立倾向,更具体地说,公对私的绝对压制与束缚在宋明理学视域下表现得尤为明显。二程认为公私之辨的要义首先在于义利之辨。他们将义比作公,将利比作私,指出"义利云者,公与私之异也"。朱熹将天理与人欲看作是彼此相互对立、相互矛盾与相互无涉的两端,不可同时存在,认为"人之一心,天理存,则人欲亡;人欲胜,则天理灭,未有天理人欲夹杂者",并引申出"存天理、灭人欲"的代表性观点,以此构筑传统集体主义的伦理体系。在朱熹那里,天理与天命代表着统一意志与普遍的道德法则,人欲代表着个体意志与特殊的道德情感。归根结底,天理作为超越人欲的普遍性存在,裹挟着一种巨大的"绝对化"力量,其基本意旨是道德教育者对集体利益至上的宏观概括与对个体利益的无限遮蔽。从本质上说,它作为一种同质化、无矛盾的力量,是一种较高层次的伦理要求与对公共理性的过度演绎,直接或间接地构成了对私欲的悬置与消解,否认了底线道德与个体道德需要存在的可能性,造成了个体与集体关系的断裂,具有极大的狭隘性。

综上所述，传统社会的道德教育以家国同构的政治结构为基本立足点，将"礼"作为德性教化的核心内容，对公私之辨与义利之辨提出了鲜明的公优先于私、义优先于利的价值立场，旨在维护公共生活的良性秩序，实现共同善的美好理想。但由于过度强调公对私的优先性与德育内容的标准性，对"公共性"与"个体性"关系的把握缺失统筹兼顾的整体性思维，导致了它与目前所强调、倡导的社会主义、集体主义精神的背离。

3.1.2 新中国成立到改革开放前的道德教育

道德教育取向是社会历史变迁的晴雨表。透过社会历史的变迁轨迹，我们可以窥探道德教育转向的重要缘由。新中国成立初期，为了巩固新生政权，国家颁布了适合该阶段发展的政治化取向的德育政策。1949年9月，提倡五爱教育，即"爱祖国、爱人民、爱劳动、爱科学、爱护公共财物"道德教育方针，创立了以马克思主义为指导的不同于封建阶级与资产阶级的新的道德体系，主张以共产主义道德教育为核心，鼓励受教育者积极参与社会政治运动，树立坚定的无产阶级立场。在《中国人民政治协商会议共同纲领》中，提出了德育的目标，即"培养国家建设人才，肃清封建的、买办的、法西斯主义的思想，发展为人民服务的思想"。在当时的历史条件下，道德教育被赋予了全新的内涵、使命与宗旨，即为政治教育服务、为社会主义建设服务、为国家集体利益服务。由此带来的一个影响，则是道德教育目标容易缺乏自身的独立运作体系与评价体系，难以发挥其应有的效能。事实上，新中国成立初期对道德教育的理解，是对规范伦理的过度应用。之所以这么说，主要因为教育者以公认的标准的社会规范对人们进行灌输式教育。这在某种程度上与对苏联模式的借鉴存在很大关联，业已影响到日常道德教育的具体实践。

新中国成立初期，受苏联模式的影响，道德教育发生了鲜明的历史性蜕变，表现为对封建道德、资本主义道德的有力批判与对共产主义道德的积极构建，扮演着意识形态控制的重要角色。具体来说，新中国在创建德育工作的过程中，照搬苏联德育思想，并以此作为新的德育范式，强化对旧德育的批判性改造。翻译出版了由加里宁和马卡连柯著的《论共产主义教育》两本同类论著，推崇凯洛夫与马卡连柯的德育体系。其一，凸显阶级性，坚持以共产主义的立场与观点来开展道德教育。其二，强调共产主义的理论教学与政治理论的知识习得，建立起由小学到大学这一系统的政治课程体系与正规的德育机构。1958

年9月,国务院颁布《关于教育工作的指示》,要求在学校中必须进行马列主义政治思想教育,培养教师和学生的工人阶级观点、集体观点和群众观点。[①]毋庸置疑,在为思想政治工作服务的过程中,德育工作对"又红又专"的无产阶级革命事业的接班人的培养取得了显著成效,也为社会主义建设事业的积极推进奠定了基石。但是,在"大跃进"时期和"文化大革命"时期,"政治运动"具有压倒性优势,"道德"遭到了不同程度的"降格"。道德教育被"上山下乡、缩短学制、精简课程、阶级斗争"等一系列教育革命主张所充斥,出现定位偏向、功能错置与本质异化现象。道德问题被视为政治问题,道德教育被视为政治教育。具体来说,道德教育的育人功能遭到贬低,政治功能上升为主要的价值取向与核心功能,泛政治化倾向愈发明显,德育课程被大规模的政治运动所占据。学生的个性培养、思想锻炼、德性养成等涉及个体发展的核心要义部分遭到忽视。"马克思认为真实的集体必然让个人通过集体获得自由,但'文革'时期的集体利益至上,却造成集体组织权威的不断扩张和个体领域的不断萎缩,集体逐渐游离于个人之外,个人在集体中迷失了自我,一定程度地偏离了个人利益与集体利益有机统一的集体主义本质要求。"[②]正统的社会主义集体主义伦理原则坚持国家、集体和个人利益相结合,倡导把国家、集体利益放在首位,同时尊重和维护个人的正当利益。新中国成立初期,对集体主义精神的认同与称赞是道德教育范式与人们思想活动的主要表征。但在具体实施、宣传与贯彻集体主义精神的过程中,存在一些拔高的道德行为,忽视了道德底线的基本教育,无不让人们在日常的道德生活与行为中对道德榜样感到遥远、陌生与无助。孙少平认为:"学雷锋促进的德育内容的纯化,在发挥积极的社会作用的同时,也使个人崇拜、突出政治、强化阶级斗争和敌我对立情感,达到盲从的地步;过于理想化的人生观教育,脱离现实的共产主义精神,使德育日益疏离现实,成为一种纯粹提升精神境界的活动。"[③]道德教育一味高喊"不讲索取,只求奉献"的政治口号,盲目推崇"抛弃个人利益,一切为了集体利益"的传统集体主义。这为道德

① 中央文献研究室:《建国以来重要文献选编(第11册)》,北京:中央文献出版社,1995年版,第490页。

② 吴春梅,林星:《集体主义的衍生、理想化与理性回归——基于历届党代会报告内容的解读》,《武汉大学学报(哲学社会科学版)》,2016年第05期,第13页。

③ 孙少平:《新中国德育五十年》,福州:福建教育出版社,2002年版,第93页。

教育的铸魂育人之教与价值感召力带来空前的挑战。受此影响,道德目标对大多数人来说难以实现甚至无法企及,群体无意识成为道德教育的主要表征,个体与集体的内在关联遭到严重割裂,道德教育的价值内核正逐步被削弱、被破坏。如此种种,都体现了道德教育场域的剧烈震荡,这呼唤道德理性的重新出场,亟须对道德教育的传统集体主义取向作出调整与改革,使其实现向社会主义集体主义取向的复归。

纵观新中国成立初期至改革开放前道德教育的发展历史,我们可以发现,在某种程度上,道德教育成为强化政治认同感的一种方式,它所赖以存续的育人环境被政治运动所充斥。由于政治力量的强势介入,具有育人功能的道德教育最终政治化。由此产生的结果是,泛政治化的道德教育存在一些有悖于成人之道的发展内容,德育宗旨、德育方式等都发生了改变,逐渐成为政治性的宣传灌输活动,不再是原初意义上的"成人"之教。人们对道德教育的敬畏感与认同感逐步被外在的政治灌输所压制。由此,如何在泛政治化、传统集体主义的道德场域中解决"人学空场"问题,弥合集体道德与个体道德的分野,实现向社会主义集体主义精神的过渡,成为这段时期道德教育的关键任务。简言之,德育本质的偏向与守正是考察这段时期的道德教育效果要思考的重要维度。

3.1.3 集体的在场与个体的缺场

综上所述,无论是传统中国的伦理纲常教育还是新中国成立到改革开放前的泛政治化道德教育都较为普遍地关注了传统集体主义精神而非社会主义集体主义精神,体现了一种以"集体在场与个体缺场"或者说"集体对个体的命令、强制与威慑"为主要表征的绝对集体主义向度。传统集体主义是对中国传统理念与社会历史条件的现实考量,立足于"集体本位",重视道德与政治的联姻,强调集体对个体在本体论上的优先性,尽管看起来包裹着温暖的彼此扶助的共同体外衣,但就其实质来说,是以个体对集体的无条件服从的共同体。由此,作为统领性的集体为个体预先设定发展的整体图式,往往忽视个体发力的重要意义,没有有效地挖掘个体与集体的内在关联,对个体的多样化发展造成新的桎梏。针对传统中国的伦理纲常教育,大多数学者将其界定为伦理与政治的同构,认为其体现了宗法集体主义的逻辑理路。杜维明虽肯定儒家对自我的关注,但是他认为:"儒家的自我,在诸种社会角色所构成的等级结构背景中,不可避免地会淹没于集体之中。"① 新中国成立到改革开放前的道德教育虽然逐渐脱离传统社会宗法集体主义的血缘语境与神学语境,实现了对奴性人格的批判与超越,并向为人民服务的集体主义价值观迈进,但是在具体的教育实践中,仍然存在对个体的忽视现象。针对该阶段的道德教育,金生鈜认为这"其实就是以'无私'的为'人民'的名义抑制个人的道德生活的权利,服从'人民'的整体伦理。至于个体的自主、自由,生命价值的尊严,自我利益的正当性等等,则奉道德之名进行抑制和阐述"。② 总体来看,这两个阶段道德教育的核心议题就是通过完善绝对的集体,由外而内推动整体性价值规范的良性运行。由此引发的一个问题,则是个体由内而外生发的对集体的认同感与归属感的式微。在传统集体主义价值观视域下,个体参与道德教育的积极性、主动性与创造性因为集体的强制性、标准化而导致大面积损耗。

众所周知,人从产生之日起,便以集体为基本的生存单位,具有普遍化的生存指向。人不可能游离于集体秩序之外。人的生命活动被深深地打上了集体的印记。集体秩序的建构始终作为一条逻辑主线贯穿于人类社会发展的始终,是人类社会发展的必然趋势。集体对个体的关照在很大程度上使人的依赖性得到满足。马克思说:"只有在集体中,个人才能获得全面发展其才能的手段,也就是说,只有在集体中才可能有个人自由。"③ 然而,就道德教育传统集体主义取向的基本逻辑而言,它采用了灌输式的德性教化方式,过分凸显集体的作用,抹杀个体的丰富多样性,摈弃集体与个体的内在勾连,造成了集体与个体的二元对立。由此可以看出,以传统集体主义为基础的道德教育具有狭隘性,它从根本上仍然无法摆脱道德绝对主义的窠臼,不太符合"集体主义"的合理内核与完整意涵,与道德教育的育人价值形成鲜明的反差,是导致道德教育危机的深层根源,所以道德教育在具体的运行过程中必然困难重重。事实上,道德教育不拘泥于抽象的道德原则,德性也不是以集体为代表的抽象人格,它所彰显的性情、态度与品质等不过是活生生的个体在具体的道德场景中所生发的

---

① [美]杜维明:《儒家思想新论:创造性转换的自我》,曹幼华译,南京:江苏人民出版社,1995 年版,第 10 页。

② 金生鈜:《质疑建国以来的道德教育规训》,《教育理论与实践》,2001 年第 08 期,第 33 页。

③ 《马克思恩格斯文集》(第 1 卷),北京:人民出版社,2009 年版,第 571 页。

本真状态,具有多样性与现实性。不言而喻,传统集体主义具有不同于社会主义集体主义精神的内在规定性,它以机械固定的道德规则为附着点,以规范伦理学与功利论为理论支撑,以塑造整齐划一的社会人为目标,把人看成是被动接受道德教育观念的抽象存在物,灌注了同质性的道德命令,不仅不能构成个体德性发展的内在驱动力,贴近个体真实的道德状态,反而会适得其反,影响道德教育功能的正常发挥,导致个体的缺场。

道德教育的传统集体主义取向把集体道德抬到至高地位,关注的是简单的公私之辨,揭示的是集体规范作为道德的本然而存在的基本规律,为个体提供了没有选择的道德标准。不论在思维方式还是具体建构上,道德教育的传统集体主义向度都展现了集体本位的表现程式,蕴含着集体优先的伦理意识,彰显维护公共道德秩序的教化意义。当个体与集体发生矛盾与冲突时,必然涉及个体的让位问题,这种牺牲小我的性格特征与道德选择是成就集体性自我的意义使然,凸显了传统道德教育的基本位阶关系。这也是道德个体丧失了在道德世界中进行自主道德活动的必然体现。从道德教育的本质定位来看,传统集体主义价值意义的缺失在很大程度上是基于个体的缺场而导致的。个体的缺场从根本意义上说是多方面的原因造成的,其中尤为关键的是主体意识尚未觉醒。无主体作为一种迎合当权者道德统治的工具,成为普罗大众的默认状态。当道德义务以强制性、抽象性、非人格的道德命令诠释并演绎灌输式德育时,道德观念、道德情感、道德信念等一切能激发道德个体自主性、彰显个体道德自由的东西则会烟消云散。由此,预先决定人们道德行为模式的灌输式德育不可避免地包含着以无主体的服从为核心的对立性的内在紧张。"应该""必须"作为道德教育的惯用辞令,将复杂多样的道德内涵简单化、同质化,抹杀了个体在生动活泼的道德场景中应有的道德想象。对此,我们需要追问,主体意识基于何种原因而在道德教育中占据重要地位。事实上,这就涉及道德教育的"成人"问题。人的主体意识的生成是道德教育的传统集体主义实现向社会主义集体主义与共同体化转型的一个重要逻辑前提。一个人如果没有强烈的主体意识,独立的判断能力与审思能力,就等于没有存在的价值,就不是一个完满自足的人。"如果一个人不能再进行选择,而只能无意识地和不可避免地从一个行为过渡到另一个行为,那么,他就可能不是一个正常的人,而是一个强迫性神经官能症患者。"① 因此，如果不从个体发展视角出发对道德教育予以考察，就难以给予道德教育应有的伦理地位。

3.2 道德教育的个体化阶段

改革开放初期，人的思想观念逐步得到解放，主体意识愈加彰显。道德教育逐步实现向个体化的现代性转变。主体性道德教育的出场批判了传统灌输式德育的"一言堂"弊端，给予了道德个体充分的自由权与选择权，将个体从道德权威的强制性束缚中释放出来。这是对道德教育个体化的积极肯定，也是对个体化是共同体化形成的必经阶段这一命题的缘由阐释。正是道德教育的个体化对人本身的解放与尊重加速了道德教育共同体化的出场时间，增添了共同体化发展的厚度。然而，道德相对主义所隐含的个体虚无与价值迷茫是道德教育个体化的消极体现，也是道德教育的共同体化在个体化基础上加以改进发展、实现突破的关键性缘由。

3.2.1 改革开放初期的主体性道德教育

随着改革开放的深入发展，中国进入了一个前所未有的发展变革时期，人们思想活动的多元性、差异性与多变性特征日益明显，这就呼吁道德教育的深层次变革。在思想层面，党的十一届三中全会确立了"解放思想、开动脑筋、实事求是、团结一致向前看"的思想路线，这直接或间接地为道德教育提供了新的发展机遇。一方面，它为道德教育端正指导思想，推进新一轮变革、提升与拓展，实现向主体性道德教育的过渡奠定思想基础，为人的思想解放提供原初动力。另一方面，它为纠正道德教育传统集体主义的偏差、推动无主体意识向主体意识的转变提供助益。由此，吴航把主体性教育界定为"特指十一届三中全会后在中国教育理论界出现的以培养学生的主体性为教育宗旨的一种理论学说"。② 在经济层面，党的十四大正式确立了建立社会主义市场经济体制的目标，与之相伴随的，是人在个体化社会的大范围、多层次流动，人的活力的充分

---

① [英]阿拉斯戴尔·麦金太尔：《伦理学简史》，龚群译，北京：商务印书馆，2003 年版，第 81 页。

② 吴航：《我国主体性教育理论研究的现状及反思》，《华中师范大学学报》，2000 年第 06 期，第 136 页。

激发将错位的个体角色重新拉回到历史舞台,为主体性道德教育的出场奠定社会基础与经济基础。主体性道德教育发轫于对人的需要、利益、权利、情感、欲望等的尊重、鼓励与承认,而这正是社会主义市场经济体制的确立需要思考的重要因素。社会主义市场经济认可行为主体的行为能力,坚持自由、平等、竞争、信用等基本原则,要求行为主体摆脱狭隘共同体的强力束缚,自由自主地决定自己的经济行为,在复杂多样的经济形势下作出独立理性的审察与判断,并具备对行为后果负责的责任意识和担当意识。换言之,生产力的解放归根到底在于人的解放。肯定个体利益的正当合理性,确立独立自主的主体性原则,尊重个体的利益谋划与价值选择,是社会主义市场经济得以稳定运行的基本道德原理。由此可以看出,社会主义市场经济与主体性道德教育是人的主体性原则在经济层面与道德层面的不同体现以及应用,在很大程度上具有同构互补性,共同推进主体性人格的不断生成,不可脱离一方而谈另一方。

改革开放后,国家出台了一系列关于道德教育的纲领性文件。通过这些文件我们可以看出,道德教育正逐步摆脱从属于政治教育的尴尬境地,获得自成体系的独立地位,实现向道德教育本质的功能回归。例如,《中共中央关于改革和加强中小学德育工作的通知》(1988 年 12 月 25 日)指出"德育即思想品德和政治教育",《中国教育改革和发展纲要》(1993 年 2 月)将其变更为"德育即思想政治和品德教育",《中国普通高等学校德育大纲(试行)》(1995 年 11 月)重新强调"德育即思想、政治和品德教育"。当然,对德育概念界定的变化是社会历史发展的必然趋势。然而,从深层意义上来说,这表明了整个社会对德育价值取向的认知变化。其中,道德教育对人们思想品德形成发展规律的内在关注为其实现向个体化的转型埋下了伏笔。总体来看,道德教育的个体化以主体性道德教育理论与实践为典型代表。学者们对主体性道德教育的理论姿态始终基于一种生成的主体性原则与人的解放原则,立足于"以我观之"的道德视角,反对以传统意义上的集体道德之名对个体实施的肆意压制,提倡人作为主体的内在规定性,主张个体在复杂多样的道德情境中的自主性、选择性与创造性,推动主体性道德人格的不断生成。这构成主体性道德教育的基本理论语境,刻画了主体性道德教育发展的理想图式。在此,道德教育的传统集体主义向度与个体化的界定便有了新的确定的分水岭。

主体性道德教育首先反对外在强制的灌输式道德教育。改革开放后,伴随着人们对道德教育本质、目的、规律等认识程度的提升,长期盛行的灌输论弊端日益显现,并退出道德教育的中心场域。与此同时,为了让道德教育脱离一系列强制命令的羁绊,建立在自主自觉的认同基础之上,内化论与建构论日益成为占据道德教育场域的主流思想,并为教育者与受教育者所认同、称赞并应用,主体性道德教育应运而生。为了对主体性道德教育与灌输式道德教育做一个全面的对比,我们主要从教育目的、教育内容与教育方式三方面来理解。就教育目的来说,传统的灌输式道德教育将个体视为被动接受道德教育的机器与工具,"在长期的高校道德教育中,道德的意义逐渐被异化,道德教育同其他各育一样,成为一种知识教育。"[①] 道德教育过分重视理性的说教与灌输。与之相反,主体性道德教育对个体进行了本质意义上的价值重估,力图突破人们被决定的奴性意识与实际给定性,充分展现人的个性,它所要造就的不是规范的简单的遵从者,而是幸福生活的创造者,民主社会的实践者,当然,也就是新的自觉的道德实践者。就教育内容来说,传统的灌输式道德教育把道德原理、道德法则的条条框框当作绝对的真理来教授,教给受教育者在特定的道德场合作出相应行为的标准模式,忽视灵活多样的道德现场。主体性道德教育并不拘泥于道德知识的单向度传授,而是立足于价值论立场,把受教育者当作一个活动着的"变量"来考察,注重培养受教育者在变幻多样的道德现场中的道德选择能力与价值判断能力。就教育方式来说,传统的灌输式道德教育采取强制性的教育方式,而不管受教育者是否有意愿、有能力接受并认可这种方式。主体性道德教育采取民主、平等的教育方式,鼓励教育者积极倾听受教育者的感受与意见,尊重受教育者意愿的表达。概言之,改革开放后,主体性道德教育以教育目的的人本化、教育内容的多元化与教育方式的民主化为核心表征,实现对传统灌输式道德教育的超越。

此外,主体性道德教育从人与道德而非人与政治的真实关系入手,挖掘道德的主体性内涵,促进个体启蒙意识的觉醒与道德本质的重释,强化对人的本质力量的确证与丰富。从应然意义上讲,道德教育关注的中心是培养什么样的人、怎样培养人以及为谁培养人。可以说,道德教育与人的培养存在互相证成的内在关系。任何对道德教育中心任务的偏离都是对成人之道的严重背弃。

---

① 朱小蔓,金生鈜:《道德教育评论》,北京:教育科学出版社,2007年版,第25-26页。

主体性道德教育获得人们认可的关键在于其对"人之为人"价值准则的充分诠释。综上所述，从现实层面看，改革开放的伟大实践带来了道德教育环境的巨大变化，推动道德教育迫切进行符合时代要求的深层次变革。从理论层面看，主体性道德教育使人认识到一个事实，即道德教育不仅具有促进社会结构合理有序运行的社会功能，而且具有促进个体德性生成的个体功能，体现了道德教育从传统集体主义向度到个体化的重要转向。毋庸置疑，这种转向是对"集体在场与个体缺场"的道德教育观念的及时纠偏，为个体意志的彰显提供更多可能性。

3.2.2 道德相对主义的泛滥

道德相对主义思潮兴起于西方，以科尔伯格的价值澄清学派为典型代表。改革开放初期，灌输原则因强制性的定言命令而不断被教育界与广大人民群众质疑。相关人士纷纷探寻适合社会发展与人的发展需要的新的道德教育理念与方法。道德教育的未来出路在哪里？这成为整个社会密切关注的关键议题。在这样的背景下，作为一种契合社会大众心理需要的理论参照，道德相对主义理论被介绍到中国，引起了广大教育者的密切关注。与此同时，相对主义的道德教育观顺势出场，道德相对主义思潮作为一种典型的现代性景观，在大学生道德教育领域中愈演愈烈。

主体意识的不断强化映现人的独立自主精神，加剧了道德价值的多元化，塑造了多样性的道德图景，引发了道德相对主义。"道德相对主义是一种关于道德判断跨时间、跨社会和跨个人的多样性学说"[1]，主要分为文化相对主义与个人相对主义两类。二者虽然分别以文化与个人为理论基础，但都标榜道德的个体性、主观性、多元性与非确定性，反对道德的普遍性、客观性、单一性与确定性。具体来说，道德相对主义是主观主义、个人主义与相对主义在道德场域的鲜明体现，预设了无公度性的道德哲学，拒斥同质化的道德统摄，是对传统社会绝对价值的无条件肢解。在道德实践中，它认为道德规范因人而异，没有评判道德立场与道德观念的固定、客观的标准，有的只是各种各样的"我"的主观道德标准，每个个体在道德世界中各行其是。是与非、善与恶、好与坏都是相对于特定的地方习俗、文化习惯、道德现场而言的，承载着个体的特殊印记，没有

---

[1] 程炼：《伦理学关键词》，北京：北京师范大学出版社，2007年版，第114页。

普遍性的规定。当然，改革开放后，社会的包容性发展冲破了"没有选择的标准"的束缚，拓宽了原有的思想文化视域，为不同道德观念的展现提供了崭新舞台，使得人们对多元文化、不同思想的积极肯认成为可能。道德相对主义作为对传统道德教育思维方式的革新，发挥着巨大的思想转换力量，为道德教育的未来发展带来蓬勃生机与无限活力，也对道德个体的成长有所裨益。但是，在社会转型期的关键阶段，道德相对主义是对传统道德观念的根本性置换，它所隐含的"没有标准的道德选择"意味着对基本价值原则的漠视，它将道德判断权交给无数个感性的个体，使得主体性道德教育走向极端，价值引领功能渐趋淡薄，道德标准日渐模糊，否定了不同主体进行理性交往、达成道德共识的可能性，极易引发主体间的道德冲突，陷入道德虚无主义的窠臼，最终导致"无道德的道德教育"。

相对主义道德教育过于凸显个体的价值偏好与道德谋划，否认为道德个体提供价值引领的一般性指导原则，淡化道德共识的合理性存在，动摇道德教育存在的正当性。人是一种确定性的道德存在，这是人的不确定性得以成立的前提性条件。"我们之所以能进行道德选择，在某种程度上是由于：支配我们选择的标准是不能选择的。"① 选择与标准作为关涉存在的一对重要范畴，是彼此相互作用的关联性存在。对于个体的可持续发展来说，没有标准的选择具有极大的危害性。令人担心的是，相对主义道德教育在为个体提供多样的道德选择的同时，采取了以"怎么都行""一切皆可"为核心的价值中立教育策略，它不在主观范畴之外为其寻找存在的合理依据，道德也由此成为一种纯粹主观性与个体性的事。显然，这与道德教育的普遍性要求截然相悖。"作为观念、原则存在的道德总是渗入了跨时空、跨文化的普遍意义，上升为一种'集体良知'，沉淀为一种心理定势，从而具有一种普遍的规范性或规约性意义。"② 从历时态维度看，不管社会历史如何变迁，我们都可以看到一个显而易见的事实，即对真善美的价值追求始终是人们配享幸福的基本前提，传统道德教育的价值，通过德性与规范、正当与善等诸多范畴向子孙后代传承，延续着人类对美好生活的向往

---

① [英]阿拉斯戴尔·麦金泰尔：《伦理学简史》，龚群译，北京：商务印书馆，2003 年版，第 275 页。

② 唐爱民：《论相对主义的道德教育观》，《教育科学》，2004 年第 05 期，第 12 页。

与不懈追求的精神力量。从共时态维度看，一定时期的道德规范与秩序规定等伦理性约束是每个个体生存发展或自我规定的本质体现，是诠释自由理性的压舱石。在这个意义上，我们肯认，个体道德的殊相离不开整体道德的共相，个体对于美好生活的实践理性谋划必须建立在合理化价值规范体系的基础上。有鉴于此，相对主义道德教育不承认道德的规范性，或者说，对道德的普遍性特征视若无睹，导致了一种背离伦理本原的道德虚无在道德形态中的蔓延，是没有任何合理性与正当性可言的。

相对主义道德教育由于缺乏对道德的实质性定位，容易衍生为"去道德化教育"，导致教育与道德的脱节，引发道德教育的现代性困境。对主观任意性的引入、对道德选择与情感偏好的过分强调、对道德事实的严重忽视、对善秩序的颠覆，所有这些，都作为一种负面效应，导致偏离价值合理性的伦理悖论。这种悖论构成了超越相对主义道德教育困境需要思考的基本问题：如何在将个性从同质化的道德束缚中解放出来的同时，坚守原初的道德底线与价值旨趣。事实上，道德教育能否彰显教化本性，实现"是"与"应当"的内在统合，体现"成人"之教的内在意蕴，不在于它能否为人们提供多样的道德选择机会，而在于它能否做出一种高尚的价值承诺，让人们体悟在生命的诸质态中什么样的生活是值得过的并自觉践履。从人之为人的本质定位来看，人的生命与存在需要有一个价值维度作为支撑。道德上的"应当"所诉诸的是比"活着"具有更高价值意蕴的"存在"，它指引人们超越利己主义与虚无主义的狭隘界限，创造"好"的"幸福"的道德生活。然而，在现实性上，随心所欲的道德个体在相对主义的道德架构中表现出冰冷的道德冷漠，沦为价值迷失的存在者，文明与野蛮、自由与奴役的交织在主观任意的道德个体身上体现得淋漓尽致。由是观之，价值理性的式微证明了在多元主义的现代性背景下，道德相对主义的涌现既是对人的本质力量的确证，又是本源意义上的道德撤退。无论相对主义道德教育如何发挥人的解放作用，都无法消弭其内在的伦理悖论。由此引发的结果是，相对主义道德教育对人的教化作用可以说是微乎其微。

综括而言，相对主义道德教育旨在纠正传统集体主义导致的个性缺失或"无人化"现象，却打破了主体性道德教育塑造的自觉主体状态，造成道德相对主义思想的泛滥，难免存在矫枉过正之嫌。"事物对于你就是它向你呈现的样子,对于我就是向我呈现的样子"① 作为主体性德育的最初表现形式,形象阐释了个体道德观念的多样化与自由化发展。然而,恣意散漫的道德自由作为自我的主观诉求,已成为道德教育多元化、无公度性或相对性的理论说辞。从无主体状态下解放出来的独立主体一旦丧失向自觉主体迈进的意志与动力,便会重新退化到以价值迷茫为核心的无主体状态。

3.2.3 从"为他人而活"到"为自己而活"

改革开放以来,个体与集体的关系出现了结构性转变。以"为自己而活"为核心的个体化语境成为阐释社会转型方方面面的重要视角。这表明,个体化日益取代传统集体主义向度,成为映射社会发展趋向与个体成长心态的重要标尺。更进一步说,绝对集体对个体的控制与束缚逐渐减少,取而代之的是个体对自我身份的积极构建以及对生存方式的主动谋划。在传统社会,个体的身份以及个体为集体而存在的使命与任务是既定的。社会给予个体的预留空间少之又少。现代性个体则可以在灵活多样的社会环境中进行积极的自我选择与自我塑造。"从个体的角度来看,个体化带给个体的一个关键变化就是,'为自己而活'成了一种生存策略乃至道德理想。"② 当然,个体化的价值旨趣不在于各种自我欲望的交替上场,而在于个体的价值解放,而且认为这种解放必须依赖于主体意识的充分觉醒。不可否认,个体化以个体的现实生活为逻辑基础,以人是自成目的的存在为价值依据,蕴含着丰富的主体性思想,将个体对美好生活的向往置于自己的生活架构中,实现了对无主体意识的革命性超越。具体到道德教育领域,无论是主体性道德教育还是相对主义道德教育,都围绕着"脱嵌"的个体而展开,体现了从"为他人而活"转向"为自己而活"的个体化,承认"为自己而活"的正当性。现代性裹挟下的个体逐步从传统的绝对集体主义向度中解放出来,褪去了服从、被动的状态,催生出新的价值取向,开始关注自我的生存处境与整全的个性养成。本着对自己命运负责的主体性原则,现代性个体呈现出积极有为的个性特质,在充满竞争的风险社会中努力拼搏,为自

---

① 罗国杰,宋希仁:《西方伦理思想史(上卷)》,北京:中国人民大学出版社,1985 年版,第 88 页。

② 李荣荣:《从"为自己而活"到"利他个体主义"——乌尔里希·贝克个体化理论中的一种道德可能》,《学海》,2014 年第 02 期,第 107 页。

己赢得超越他人的发展机遇,创建属于自己的人生轨迹与生活模式,以更好地实现自我的人生价值。

"为自己而活"的道德教育个体化是对自爱的基本需要与利益的基本追求的现实考量。毫无疑问,人性的发展视野中天然地包含自爱逻辑或者说自我持存的冲动。一旦缺乏对个人正当利益的追逐,忽视对个体基本需要的满足,人之为人的理论架构则会偏向虚无,失去活生生的现实根基。从积极之维来讲,主体性道德教育的确诠释了人为自己而活的勇气、尊严与价值。在日常逻辑中,德育教材和课程的设置往往围绕"我对事件的看法、我应该怎么做、我在接受教育熏陶后的成长成熟"而展开。德育的目的"是要使学生通过教材、教学所学得的一切回到他自己的生活中去,用以解决他们生活中的问题,改变他们的生活、生活方式,提升他们对生活的认识、态度、价值观等等"。[①]深度学习革命是信息时代对知识教育的新要求,它主张学生作为实践主体更为自觉主动、更具个性化的学习。毋庸置疑,以道德主体自我的个体化为指向的德育冲破了对道德权威的教条式理解,实现了对主体性道德人格的培育。

但是,从消极之维来讲,"为自己而活"的个体化理念发展到极端,便容易陷入个人中心主义的道德漩涡。部分支持个人主义思想者打着自爱自利乃人之常情的幌子模糊个人主义与主体性发展的理论界限,将个人主义视为谋求个体利益的正常状态,以便为个人主义"正名"。然而,改革开放以来,个人中心主义错误思想与话语体系对世界观、人生观与价值观尚未形成的青少年的消极影响尤为严重,一度产生扰乱道德教育正常秩序、影响道德教育效果的精致利己主义者。这种"只扫门前自家雪,不管他人瓦上霜""自我神化"的利己主义狭隘心态不仅违背了公共人的互助性道义原则,而且使人落入"孤独的个体"的尴尬境地。一旦需要借助他者的力量来应对普遍的现代性风险时,从道德关系中脱嵌的原子个体则会受到自己生发的道德冷漠的反击,面临孤立无援的道德处境。历史和事实证明,无论是从个体的德性生成还是从共同体的现实支撑来看,个体与共同体都应是相辅相成、密不可分的有机统一体,不存在无法跨越的藩篱。吊诡的是,个人中心主义视域下的道德教育不断制造着缺乏共同体精

---

① 孙彩平,赵伟黎:《在 '过好自己的生活' 之后——深化小学德育课程与教材改革的新思路》,《华东师范大学学报(教育科学版)》,2016 年第 01 期,第 25 页。

神的个体人。在竞争考试成绩、教育资源的过程中，道德教育被视为个体与他者展开竞争、攀比的工具。在学校德育过程中，一个几十人的班级里，虽然学习的课程与科目、教师的教育内容是一样的，但是学生往往都是以孤独、竞争的方式来完成学习任务。个体由于私欲的膨胀与异质的德性，始终秉持一种与他者的对立思维与个人至上原则，与道德共同体似乎有着难以调和的矛盾与冲突，产生对道德共同体的离心力，更缺乏道德规范的约束力，最终导致个体整全性发展的幻灭与共同体道德秩序的错乱。这成为道德教育实现优质发展亟须思考的重要问题域。

道德教育的个体化既是对传统集体主义向度的纠偏与超越，又不可避免地陷入了新的发展悖论，既饱含着个体向上攀爬的力量，又隐含着个体向个人中心主义的坠落风险。如何中肯地评价道德教育的个体化，关涉到如何厘清道德教育的本质，更关涉到如何据此为道德教育的未来走向出谋划策。综括而言，道德教育的个体化实现了双重超越：一方面，它推动人实现由无主体向独立主体、自觉主体的转化。对个体而言，主体意识的存在是人区别于动物的要素。另一方面，它推动道德教育场域实现由单一封闭性向多元开放性的发展。与此同时，道德教育的个体化也存在双重扭曲：一方面，它并不能够让人充分理解、诠释、实现"个性"本身，导致个性发展的碎片化与单一化景象。在此，我们需澄清一个事实，即个体不等同于个性。个性只有在我与他者的关系中才能生成。个人中心主义尽管保留着鲜明的个体形象，但却是局限于自我内部的闭环系统，本质上是对开放个性的背离与破坏。正如别尔嘉耶夫所言："因自我封闭和专注于自己而不能走出自身，这就是自我中心主义的原罪，它阻碍实现个性生命的完满，阻碍发挥个性的力量。"① 另一方面，它忽视了个体所由以生成的关系语境，导致道德关系的淡化与冷漠，消解公共事务参与的热情与共同体精神的培育。否定他者的道德关怀与道德认可，是取消而非加强道德个体的独立自主性的鲜明体现。这正是以主体间的敌对关系为重要表征的个人中心主义无法跨越的障碍。在这样的视野下，互助互爱的价值理性无法彰显，道德教育也就无从谈起了。道德教育所要做的是让那些打着个人中心主义的幌子谋求

---

① ［俄］别尔嘉耶夫：《论人的奴役与自由》，张百春译，上海：上海人民出版社，2019 年版，第24 页。

自我的绝对利益的个体成为对自己与对他者同时负责的人。

3.3 道德教育共同体化的显现

新时代需要人们树立新的道德面貌,彰显新的道德气质。这就对道德教育提出了新的时代课题。面对道德教育的个体化困境,以美好生活为导向的道德教育始终遵循个体善与共同体之善内在统一的原则,既满足道德个体对美好生活的多元需要,提升个体的德性修养,又推动互助和谐式道德关系的构建,实现道德共同体的复归,引导人们自觉摒弃道德冷漠与道德虚无。社会主义核心价值观以真理性与价值性的统一凝聚价值共识,在道德相对主义泛滥的境遇中为人们提供指引性与方向性的价值规范,努力赢得道德个体发自内心的理解、认同与支持,与此同时,为道德个体的自由全面发展提供保障。可以说,以培育共同体精神为目标的道德教育共同体化在新时代有一种萌芽的趋势,但还要在不断的努力过程中进行深层次建构。

3.3.1 新时代以美好生活为导向的道德教育

道德是美好生活的重要组成部分,美好生活是道德的价值归属。和谐有序的道德生活是美好生活由理想中的乌托邦走出抽象的不切实际的幻想、走向现实社会的重要标志。同样,道德危机是引发美好生活危机的重要原因。道德与美好生活在本质上具有一致性,这关涉到著名的"德福一致"问题。从古至今,美好生活始终是人类社会对于当下以及未来的价值期待。但在道德教育的实际运行过程中,美好生活导向却常常被束之高阁,以技术化、知识化为代表的工具理性一度成为支配教育发展的观念。

新时代,随着人们对美好生活需要的多元化与优质化发展,道德教育亟须确立新的现实化的美好生活导向,这是道德教育应对个体化危机的必然渠道。中国特色社会主义进入新时代,这是我国发展的新的历史方位。新时代需要新的和谐气象,呼唤新的道德作为。这对实现美好生活所需要的人的精神面貌与存在状态提出了比以往更为严肃、更高水平、更具建设性的新要求。在这样的时代背景下,道德教育需要更加明确以培育时代新人为根本任务的新要求,肩负起推进个体善与共同体之善的双重使命,打造新的互助式教育平台,推进每个个体与美好生活的内在融通。习近平总书记在全国宣传思想工作会议上指出："宣传思想工作是做人的工作的,要把培养担当民族复兴大任的时代新人作为重要职责。"① 培育中国特色社会主义事业所需要的人的共同体精神,是对个体化道德教育实践的反思。其次,美好生活导向是新矛盾对道德教育提出的迫切要求。习近平总书记在党的十九大报告中明确指出："中国特色社会主义进入新时代,我国社会主要矛盾已经转化为人民日益增长的美好生活需要和不平衡不充分的发展之间的矛盾。"② 具体到道德生活场域,主要体现为人们对真善美的不懈追求与现代性视域下的道德冷漠之间的矛盾。事实上,美好生活不仅指人在面对诸多富有美感的物质对象时所具有的多元选择需要,更重要的是指人作为精神主体在选择生活方式的过程中所具有的能够作出高质量选择的能力。物质的丰裕与精神的缺失作为美好生活实现过程中的不平衡状态,抹杀了美好生活的应然价值向度,是道德教育的美好生活导向所极力反对的一种面相。由此,新时代的道德教育背后隐藏着一个现实诉求、崭新使命与价值承诺,即立足于对社会主要矛盾的深刻研判,把引导人们化解道德冷漠与真善美之间的矛盾、提升人们的道德素养、促进社会关系的互助和谐、实现个体与共同体的美好生活作为主要目标与核心任务。

在此,我们需要明确的是,美好生活的获得不是取决于主体在美好生活选择过程中的绝对自由度,而是取决于其在有限的选择中道德责任的确立与增强。新时代的历史定位揭示了一个不容置疑的事实,即社会发展的成果由人民群众共享,美好生活由人民群众共建。任何以侵犯他者对于美好生活的选择权、享有权为代价的"个体美好生活"都是对共同体之善的严重背弃与对道德互助期待的破灭,这增加了道德问题的复杂性,进而无法应对道德教育个体化的困境。新时代,我们需要反思道德教育的个体化,克服原子式困境,以明确道德教育共同体化的必然性。为此,新时代道德教育主张互助互爱是道德关系的本质特征,也是道德行为的最佳选择,要求主体在对美好生活进行选择的过程中坚持自由与责任的统一、社会价值与个人价值的统一,在为个体的美好生活而奋力拼搏、秉持自由自主意识的同时,积极承担其作为共同体成员的使命与担当。

---

① 习近平在全国宣传思想工作会议上强调:《举旗帜聚民心育新人兴文化展形象 更好完成新形势下宣传思想工作使命任务》,《人民日报》2018 年 08 月 23 日,第 1 版。

② 习近平:《决胜全面建成小康社会 夺取新时代中国特色社会主义伟大胜利——在中国共产党第十九次全国代表大会上的报告》,《人民日报》2017 年 10 月 28 日,第 12 版。

简言之,好人与好公民是道德教育的共同体化的两个立足点与基本生长点。

新时代以美好生活为导向的道德教育目标之一是培育做"好人"的个体德性。现代性发展的种种弊端表明在大多数情况下,物质赢了德性,生活赢了存在,简言之,德性与存在普遍处于被遮蔽状态,淹没在充满诱惑性的物质世界中,物的依赖性成为人的日常生存图景,而相反情况对人们来说才是真实并值得去追寻的。现实生活中不难发现,哪怕在最平凡的工作岗位中生存的个体,他们对初心与理想的坚守、对有意义的人生的不懈向往与奋斗作为对人之为人的价值准则的充分诠释,都足以证明追求好的生活远远高于生活本身这一基本定律。如果对人的状态进行价值排序,那么活着—生活—存在是本体论意义上的人由表层到深层逐步深入的独特结构。而值得过的好的生活意蕴是由德性之人(好人)所赋予、所创造、所生成的。人越接近"好人"的德性标准,越能为其行为的正当性进行辩护,其存在的价值与意义就越得以彰显。"好人"是"好生活"的基本限阈。一个道德品格低下、淹没良知的人不可能享受幸福美好的优质生活,退一步说,其所认为的物质富足与奢靡生活只不过是对美好生活的主观"错认"。"德性且只有德性的力量使道德选择成为道德的选择,向善的选择,使道德自我的选择朝着人性优秀、卓越与美好的方向。"① 由此,面对现代性伴随的个人中心主义、个体虚无主义困境,道德教育首先以"我该如何生活""我如何成为有德性之人"为切入点,来展现成人之道的内在机理,助推个体正直、良善、勇敢、友爱等整体性价值观的确立、丰富与完善,诠释个体德性与美好生活、可能生活的互融互通,以使个体在复杂多样的社会环境中学会做人并自觉有序地安顿德性生活,培养道德情感能力、道德选择能力、道德判断能力与道德行为能力等,走出价值迷茫与存在主义焦虑之困局。

新时代以美好生活为导向的道德教育目标之二是培育"好公民"的公共德性。道德教育的共同体化肩负着培育公共人的重要使命。2019 年 10 月,中共中央、国务院颁布《新时代公民道德建设实施纲要》,对新时代公民道德建设提出了更高要求。公民要坚持个人梦与中国梦的统一,既要从知、情、意、信、行等方面提升自身的道德修养,从我做起,从日常小事做起,坚定不移地坚守并践行

---

① 张夫伟:《道德选择与道德教育的现代性危机》,北京:中国社会科学出版社,2014 年版,第 153 页。

善与正义,又要保持对他者的道德关切,积极承担自己作为社会人的使命与担当,提升对共同体事务关注的热情,增强为他者、为社会的责任伦理,为实现中华民族伟大复兴而奋斗。"好人"对于人的存在意义来说是不言而喻的,具有基础性与逻辑优先性地位,但新时代的道德教育并不止步于"好人"的培养,还注重关系性的善或共同体之善所内涵的"好公民"的培养。从原初意义上说,道德教育的共同体化源于"好人"与"好公民"道德基础的有效融通这一基本预设。每个个体作为有限的感性存在,必须以公民身份参与共同体生活,培养对他者的同情共感意识,积极参与公共事务,共建共享美好生活,从而避免不同道德主张的矛盾与冲突。在多元开放的社会里,"好的生活""值得过的生活"观念是一种因人而异、缺乏统一标准的相对价值。而社会运行秩序的良性构建迫切需要道德共识的价值支撑。在此,作为社会共同体的一分子,个体所要思考的不仅包含什么样的生活对我来说是好的生活,而且包含什么样的生活对我们来说是好的生活。若人的行为合乎社会秩序公认的正义之规范,得到持有各种合理价值体系的人们的共同支持与信任,那么个体便合乎逻辑地获得名副其实的"好公民"身份,从而保障其成为"好人",实现个体美好生活的可能性与正当性。由此,道德教育以孤立的"我"如何成为团结互助的"我们"为中心点,以达成可能的道德共识为归宿点,借以回答何为共同体之善或如何创造共同体的美好生活问题。公共层面的美好生活意味着共同体之善,共同体之善表现为美好生活的本质。当然,道德教育对共同体之善培育的考虑不可能简单化约为"我们"的形式组合,换言之,它以"好公民"为基本构成单位,不是孤立个体的外在联结所能代替的。

3.3.2　以社会主义核心价值观凝聚共识

个人中心主义视域下道德教育的个体化将价值共识排除在个体之外,不可避免地导致道德共同体的退让与衰落。无可争议的是,社会主义核心价值观作为新时代的思想文化产物,必然会进入到共同体的发展视野,为道德共同体增权、赋值。对于共同体的可持续发展来说,它以价值共识为观念前提,要求生活于其中的个体树立对合理的基本价值的认同意识,一旦共同体无法为个体提供价值担保时,个体便会被无所归属的漂泊感所支配,社会共同体的立根之本则会受到严重侵蚀,个体的自由全面发展也便失去最为基本的保障。在这样的总体背景下,社会主义核心价值观作为对各种有效价值诉求的理性统合,最为清楚地解释和证明了为什么价值共识对个体而言是至关重要的内在构成。它的出场无疑是对道德教育个体化困境的时代回应。具体来说,社会主义核心价值观作为一种精神纽带与道义制高点,是对社会主义核心价值体系的高度凝练、集中表达与价值升华。它以价值的最大公约数为基点,从与社会共同体相对等的"价值丛"而非固定的单一价值视角出发阐释价值共识的认同依据,通过构建个体赖以存在的互主体关系,塑造道德共同体的可能性,保障共同体意识的有效在场,成为规范道德行为、提升共同体凝聚力的必然选择。推动社会主义核心价值观落地生根,并将其内化为道德主体的稳定意识结构、心理倾向、精神标识与实践姿态,已成为当前伦理道德建设迫在眉睫的任务。由此看来,在构成道德世界的有机秩序中,获得持久胜利的只能而且必须是社会主义核心价值观营造的以道德互助为核心的向上精神力量,这种力量是精致的利己主义者的道德冷漠面貌所无法接近的。以社会主义核心价值观引领道德教育,是道德教育共同体化的前提性要求。道德共同体意识的生成要通过道德主体对社会主义核心价值观价值基础的内在普遍性认同才能得以实现。

党的十八大以来,为推动社会主义核心价值观落地生根,以习近平同志为核心的党中央高度重视社会主义核心价值观的培育和践行,制定出台了《关于培育和践行社会主义核心价值观的实施意见》等指导性文件,从国家、社会与个人三个层面提出了新时代道德文化发展的新要求与新愿景,为涵养社会正气、积淀精神追求、凝聚精神共识提供明确的方法论指引,为道德教育的理论研究与实践创新打开了新的突破口。在具体的培育过程中,社会主义核心价值观遵循从感性到理性、从理念到实践、从个体到国家的培育机理,以科学合理高效的顶层设计与制度建设为重要保障,以德性养成为关键抓手,以网络传媒为主要宣传教育手段与有效载体,以增强人们对它的理性认知与情感认同为目标与归宿,层层展开,融入社会发展的方方面面。其中,社会主义核心价值观的传播过程在社会主义核心价值观培育的整个环节中占据关键地位。而社会主义核心价值观传播方式与传播内容的亲和力与感召力是关涉其影响力与生命力的核心要素。近年来,高校思想政治理论课作为大学生社会主义核心价值观培育的主渠道与主阵地,作出了贴近新时代大学生本质需求的积极改革,情境教学法、问题辩论法、对话式教学法、现场教学法与实践教学法等超越传统灌输式的新教学方法层出不穷,对社会主义核心价值观的日常化、生活化研究此起彼伏,批判了以往以传播者为中心的宏观抽象的传播方式及传播内容,主张传播者与接受者的双向互动,由此带来的积极效果是社会主义核心价值观在价值深度、影响力度、辐射广度的综合统一与对大学生日常生活的大范围积极融入,大学生接受、理解、认同并信仰社会主义核心价值观的自觉性、积极性与主动性大大提高,对国家、社会与个人三层面内涵的个体善与共同体之善的关系把握更为精确。因此,我们有充足的理由确信,社会主义核心价值观的有效传播对个体善与共同体之善的内在统一具有重大的精神意义。

由此可知,无论在理论层面还是在实践层面,社会主义核心价值观都具有与时俱进的理论效应与救治个体化道德问题的实践效能。具体来说,社会主义核心价值观作为对新时代社会意识的高度概括,将国家、社会与个人层面的价值要求熔铸于一炉,它的培育和践行在应对道德教育的个体化困境(尤其是道德相对主义弊端)与凝聚道德共识方面都取得了重大成效,为道德教育实现由个体化向共同体化的时代转向与时代纠偏、确立共同体化的思维方式奠定了价值基础,切中肯綮地勾画了道德教育场域发展的新图景与新方向,为道德共同体的重构生成了必要的土壤,在人的德性养成中具有强大的现实穿透力。当然,社会主义核心价值观的生成与培育是一个不断发展、不断完善、不断建构与不断创新的过程,绝不囿于一成不变的固有逻辑。价值共识的达成也绝非一朝一夕所能完成,它需要国家、社会与个人在价值诉求层面的同心、同向与同行,需要在现实化的社会实践中逐步得以确立。在此,我们需要明确的是,就价值论而言,价值共识是在尊重个体价值差异基础上的共识,其目的是为道德个体提供正确的方向性指引,但它并非否定价值认异、抹杀个体独特性,也并不意味着绝对一致、标准化的价值观念的达成,简言之,价值共识是对求同存异、和而不同原则与公共理性范畴的充分诠释,不能与同一的价值观念画等号。在多元文化并存的今天,价值观念相左的个体正是在彼此平等、相互包容、相互体谅与相互尊重的基础上适度调试个体行为进而达致一种整体意义上的和谐状态。个体可以借此摆脱道德相对主义错误思潮的纠缠。这是社会主义核心价值观凝聚价值共识这一命题必须予以澄清的一个重大问题。

综上所述,社会主义核心价值观蕴含着丰富完整的道德逻辑与精神气质,是推动社会文明进步、维护社会道德秩序、构筑新时代精神家园的应有之义,它的系统化、有序化与日常化展开表明新时代中国共产党对国家、社会与个人一体化发展的理论自觉与对道德个体与道德共同体内在统一的价值自觉,革新了道德教育的思维发展理路。通过批判道德相对主义、矫正道德个体与道德共同体的关系来彰显道德共识,是社会主义核心价值观的一个显著特征。道德教育的共同体化是以和谐互助为导向的实现道德共同体的"人为"构筑活动。凝聚社会共识,作为社会主义核心价值观的重要功能,释放出推动道德教育共同体化转向的磅礴力量,拉开了道德教育场域新的发展序幕。在一定程度上,我们可以说,社会主义核心价值观与道德教育的共同体化具有深层的逻辑勾连,社会主义核心价值观的生成与发展过程同时也是道德教育共同体化的确立与完善过程。

3.3.3　对道德个体与道德共同体的双重关照

通过以上阐述可知,对个体与共同体的双重关照或者说人与他者的"共同在场"是道德教育场域在新时代的重大变革。在宏观层面,新时代以美好生活为导向的道德教育既彰显了道德个体的美好生活需要,又表达了对道德共同体的真切向往与追求。简言之,道德教育的美好生活导向旨在探讨作为双主体的个体与共同体实现价值解放、摈弃各行其是的道德面貌、获致美好生活的现实进路,已然回答了美好生活在双重维度上何以可能、何以必要与何以实现的问题。在微观层面,社会主义核心价值观对国家、社会与个人的道德要求无不体现了对道德个体与对道德共同体的双重关照。以时代新人的培养为例,从本质意义上讲,社会主义核心价值观的培育与担当民族复兴大任的时代新人的培养同频共振,具有鲜明的耦合性。究其原因,主要因为时代新人既具有超越虚幻欲望的高尚美德,又具有强烈的社会责任意识与担当意识,是对个体善与共同体之善的有效践履,而这正是社会主义核心价值观的培育所意图指向的核心目标。由此来看,时代新人的综合素养是对社会主义核心价值观践行效果与践行程度的真实检验。同样,社会主义核心价值观是否成为道德主体内化于心、外化于行的道德行动,直接关涉时代新人的培养质量与培养方向,关系道德个体与道德共同体的聚合程度。总体来说,道德教育的美好生活导向与社会主义核心价值观的有效运行共同发力,同行同向,为新时代道德个体的正向成长、道德共同体的有机重构奠定基础,对道德个体与道德共同体的内在关系进行了整体意义上的理论重思。被多元相对的个体道德观念遮蔽的道德共同体开始显现。

道德教育正在经历个体化到共同体化的视点转化。道德个体与道德共同体的价值张力被控制在合理有序的范围之内。

具体来看,一方面,新时代的道德教育坚持"一元指导"的道德原则,强调个体化道德问题频发的背景下道德共识、道德认同之于道德发展的重要性。社会主义道德价值观的一元指导是新时代道德教育得以正常有序运转的保障,也是共同体化得以成行的必要环节。正是对是非、善恶、好坏等基本价值观的共同理解与共同遵守才为共同体的温暖般的团结互助、彼此依恋与和谐友好状态创造可能。因道德选择的偶然性与随机性所导致的道德冷漠、道德虚无与道德真空现象才会逐渐减少乃至消失。当然,这种共同体状态内蕴着丰富真实的道德情感,具有强烈的现实实践效应,与马克思所说的带有形而上学色彩的"虚构的共同体"有着本质区别。另一方面,新时代的道德教育所强调的道德共识以尊重道德个体的美好生活需要为基础,立足于现实的活生生的个体道德生活,维护个性"多元发展"的合理性存在。诚然,一元指导的道德原则并不拒斥、排斥多样化与个体化的道德合理发展,反而鼓励个体自由自主的道德选择与对自我美好生活需要的积极追求。共同性与同质性、同一性也不相等同。对二者的混淆包含着对道德教育的破坏性因素,是对道德共识基本内涵与重要价值的严重误解。这也是道德教育的可持续发展必须予以破解的重大问题。"社会主义核心价值观从国家、社会、个人三个不同层面对现实个体的行为做出了规范,通过建立'价值从'式的社会道德价值共识实现个体在社会历史进程中的'全面自由发展'。"[1] 从中,我们可以看出,道德教育的共同体化不仅不否定道德个体的自由全面发展,反而以此为重要的实现目标。在共同体化的有效辐射下,道德个体的自由全面发展与道德共同体的良性运作逐渐保持动态的平衡与和谐。在关系哲学与责任伦理的有效作用下,道德个体对自我美好生活需要的满足逐渐转化为对道德共同体、对他者的责任与担当。道德共同体的日益增进也为道德个体对于美好生活的意义理解与幸福获得提供强而有力的进阶。概言之,道德教育共同体化的任务之一就是推进道德个体与道德共同体复杂矛盾的理性解决。道德个体与道德共同体在共融互促中逐步实现新时代的接轨,

---

[1] 石寅:《价值个体主义背景下道德价值共识的重建——兼对社会主义核心价值观出场的哲学解读》,《云南社会科学》,2016 年第 01 期,第 32 页。

二者的有效融合是对道德个人主义困境的现实拯救与对人的本质的实现的积极推进。

在对个体化道德危机的强烈忧思与对人类未来存在命运的深刻关怀基础上,道德教育的共同体化作为一种切实的实践理性形态应运而生,与新时代的应然性道德要求和人的生存发展逻辑相得益彰,成为一种新的发展向度,其映射的是人区别于动物的应然状态,预设了新型的互助合作式道德关系,蕴藏着深厚的伦理意蕴,为人应对个体化焦虑、实现与他者的和谐共处提供必要的关键性思考视角,体现了教育者将互主体关系作为道德教育育人环节的出发点和中心点的自觉意识。它所内蕴的对个体与共同体的双重关照绝对没有高低、轻重、贵贱之分,换言之,它对二者的理解没有价值优先之分,是对二者在具体道德环境中的平等关照,由此,道德教育的共同体化着力培养我与他者之间的共通感,在很大程度上避免了传统集体主义向度与个体化偏执一端、割裂个体与共同体内在关联的道德陷阱。从人类社会发展演变的基本逻辑与人的解放的内在要求来看,个体的美好生活与共同体的道德规范互相证成、互为条件、互相补充、辩证统一。实质上,二者的有序发展是一个双向互动的同构过程。人之为人,不在于对个体利益的无限放大或者对共同体规范的无条件服从(这只能造成个体与共同体的紧张对立关系或者说对内在统一关系的解构,使人卷入自我分裂、自我矛盾的旋涡,造成我与他者的分崩离析局面),而在于在关系性的善引领下个体与共同体的命运相连、休戚与共、共同成长与相互完善。新时代的道德教育依托于人类命运共同体的宏观环境,通过构建新型的道德个体与道德共同体的有机关联,促进个体善与共同体之善的有效融通,化解二者断裂隔离的现代化困境,剥开人的双重性存在悖论之迷雾,为人的解放与发展搭建坚实稳固的桥梁,构成了美好生活得以实现的客观性前提。

道德教育共同体化的必要性、可能性与超越性　4

新时代,共同体化解答了关于传统集体主义向度与个体化的迷思,正逐步成为道德教育场域的主要价值取向。从道德教育的优质有序发展的角度看,我们亟须解决三大问题:即道德教育的共同体化何以必要? 何以可能? 何以超越? 这是我们探寻它、理解它并自觉地认同它的深层理论问题。从这三个方面入手对道德教育的共同体化进行全方位的考察、诠释与论证,对于认识、厘清道德教育的本质、目的与规律具有重大的理论意义,对于整个社会的精神文明建设与思想道德建设具有重要的实践意义。

就必要性来说,道德教育的共同体化是化解陌生人社会伦理风险的迫切需要,是应对关系层面的道德冷漠与自我层面的自我陌化等道德问题的关键抓手;是推进社会主义民主政治的内在规定,和谐的干群关系、公民人格的有效培育、协商民主的完善发展都需要道德教育的共同体化为其提供精神动力;是共享发展的伦理要求,只有为共享发展创设优质的道德环境,才能为以交互性、互依性为核心的共享意识提供良好的生存土壤,满足每个个体对美好生活的基本需要。 就可能性来说,人的超越性本质是道德教育共同体化的价值依据,类存在对个体生命存在的超越性、道德境界对功利境界的超越性为道德共同体意识的生发与道德共同体的当代建构提供可能;主体间性转向是道德教育共同体化的直接动力,教育者与受教育者平等参与德育活动、共同协商德育事项、共筑团结友爱的道德共同体;新型道德共同体形态的确立是道德教育共同体化的物质载体。就超越性来说,个体化与传统集体主义向度体现了一种忽视关系的实体思维。而共同体化体现了一种关系理性。可以说,道德教育的共同体化实现了对二者的批判与超越。

4.1 道德教育共同体化的必要性

政治、经济、社会等方面的现实境遇呼吁道德教育共同体化的出场。在社会层面,熟人社会向陌生人社会的转型催生了复杂的道德问题,需要新的道德制约机制的出场,这同时要求我们必须积极型构道德教育新的发展向度。在政治层面,无论是干群关系的和谐构建、公民人格的有效培育还是协商民主的完善发展,都需要道德教育共同体化的持久助推。在经济层面,道德教育的共同体化为应对单向度发展、透支式发展与数量式发展问题、推进共享发展的实现提供伦理指导。

4.1.1 化解陌生人社会伦理风险的迫切需要

现如今,随着经济、科技、社会等的多方面变革,传统的熟人社会、乡土社会已然式微,陌生人社会成为一种公认的社会状态、社会境遇或社会秩序,由陌生人—陌生人组成的社会关系自然而然地取代熟人—熟人关系,并被普遍化为人的基本社会关系。"我们所生活的世界几乎被陌生人所充斥,而使得它看起来像是一个普遍的陌生世界,我们生活在陌生人之中,而我们本身也是陌生人。"[①] 与熟人社会的大规模村落集聚、巨大的人情关系网、"生于斯、死于斯"的空间依恋、村规民约指引下默认一致的行为规则不同,在陌生人社会,空间的碎片化、集体情感的割裂以及零散多元的行为主张作为三种典型代表,成为人们的日常生活状态与主要的存在场域。与熟人社会人人具有的对他者、对生存环境的熟悉感不同,前所未有的陌生感从四面八方将无数个原子个体包围。在很大程度上,我们可以认为,熟悉感是安全感的前提与重要组成部分。生活在陌生面孔包裹的总体环境中,联结人与人之间的熟悉情感总是直接或间接地被部分切断,确定性被众多的不确定性所替代。直观地看,陌生人社会的出现是对社会总体格局与运行秩序的重新洗牌。但往深处思考,熟人社会向陌生人社会的转型实际上是对风险社会的预设,它使得传统的价值观念面临着动荡、倾塌

---

① [英]齐尔格特·鲍曼:《通过社会学去思考》,高华译,北京:社会科学文献出版社,2002年版,第51页。

乃至连根拔起的风险。这种风险既体现于我与他者之间的道德冷漠，又体现于自我世界的"陌化"或者说自我的焦虑心态。在陌生人社会里，各行其是的道德面貌意味着人与人的道德信任面临着前所未有的挑战，人的道德行为相比熟人社会自带的道德舆论场而言缺乏必要的监督与制约，社会失序、主体失德问题频发。这表明陌生人社会充满着复杂的道德问题，需要新的道德制约机制的出场，这同时要求我们必须积极型构道德教育新的发展向度。

　　就人与人的道德关系而言，道德冷漠是陌生人社会伦理风险的外在体现。与以确定的身份、稳固的信任与和谐的人际关系为基本特征的熟人社会不同，陌生人社会存在成员的原子化、虚拟交往的匿名化、利益的复杂多样性与关系的非稳定性等特点，缺乏天然的伦理黏合剂与有效的伦理约束机制。"一个人可能对家人与朋友有很好的感情，而对陌生人没有起码的尊重。"① 陌生人与熟人所接受的来自同一个人的道德态度与行为出现了实质意义上的断裂。道德冷漠或道德情感的缺失使得在地理空间、网络空间无限接近的"我们"却在道德空间、情感空间中变得无限遥远与陌生。具体来看，陌生人社会的道德冷漠现象主要表现为道德认知偏离、道德情感淡化与道德行为缺失。就道德认知而言，道德认知偏离是道德冷漠现象产生的首要原因。道德主体对是非善恶缺乏有效的衡量标准，对道德事件缺乏正确、合理、客观的评价。如对以身涉险的道德英雄榜样嗤之以鼻、将需要救助的"倒地老人"视为讹诈欺骗者，将冷漠、失德行为视为人的正常存在状态，缺乏对人之为人内涵的基本理解，导致了对道德原则、道德标准的错误定位。就道德情感而言，道德情感的淡化与麻木是道德冷漠的根本体现。情感主义伦理学将情感视为道德的起源与基础。情感一旦淡化，道德就会失去立足之地，人不能被称之为人。"事不关己、高高挂起"的道德心态压制了对他者的同情心，使得利己主义心态愈发膨胀。就道德行为而言，在道德援助面前的不作为是道德冷漠的直接体现或外在体现。这种不作为是阿伦特眼中的"平庸之恶"，意味着道德主体以旁观者的姿态所作出的对恶的妥协、屈服与退让，更意味着善的失守。由此，道德认知、道德情感与道德行为是构筑道德系统的三个子要素。任何一个要素的缺失或偏离都容易使人陷入道德冷漠的窠臼。

---

① 廖申白：《公民伦理与儒家伦理》，《哲学研究》，2001 年第 11 期，第 69 页。

就道德个体内部而言,自我陌化与自我迷失是陌生人社会伦理风险的内在体现。这是现代化发展过程中伴随的道德个体的主要病症。对这一病症的诊治需要深入到人的本质关系中去探寻。在陌生人社会,人不仅与他者处于相对陌生的道德关系中,而且衍生出与自我本质相矛盾的异化关系。可以说,人与自我的关系正在被重塑。在陌生人组成的道德场域中,人们更为热衷的是如何通过占有更多的金钱、权力、地位等外在资源以便在与他者互相攀比较量的竞争环境中占据绝对优势。事实上,他们过分依赖于客体化的外在世界,受异化关系的支配与控制,以工具理性取代价值理性,将良心和自我判断异化和向外抛,无法实现真正意义上的自我价值,造成自我分裂。"我是谁"作为一个永恒的身份标识与价值归属问题,在熟人社会具有确定的意义,而在陌生人社会中充满着种种不确定性、偶然性与多变性。单数意义上的我既是社会的观光客,止步于从外围观察他人的生活境遇,却从不停留于与他人的共在场域,并转而奔向新的目的地,呈现出一种对他者的忽近忽远、忽冷忽热状态,又是社会的流浪者,始终处于寻找确定的安全感的状态中,却从未有勇气与决心与有限性结缘,确立对某一共同体的认同感与归属感。当然,观光客是某一地域共同体的"临时外来者",对该地域的外在观光围绕临时的场景与个体特定的兴趣而展开,非但不能长期有效地融入这一地域共同体中去,反而更容易造成自我与该共同体成员的进一步疏离。与此同时,道德个体所处的流浪状态归根结底是一种精神流浪与价值迷茫,意味着新型道德共同体所呼吁的真善美的道德标准在自我世界中的陨落。

在陌生人社会,如果说人与人之间的道德冷漠、人内部的自我陌化包含着使人的德性遭受异化的伦理危险,那么道德教育的共同体化则肩负着将人从冷冰冰的道德关系与严重的自我分裂中解放出来的道德责任。具体来说,一方面,道德教育的共同体化,要求通过对家庭、学校、社区等公共空间的充分利用开展公共性活动,主张共同体成员"必须将自己从主观的、私人的状况与特质中解放出来,就是说,一个人必须超越其个体局限性,以便考虑其他人的立场"[1],旨在培植道德个体对他者的同情共感意识与对国家社会的积极关切,拯救公共人

---

[1] [美]塞瑞娜·潘琳:《阿伦特与现代性的挑战》,张云龙译,南京:江苏人民出版社,2012年版,第109页。

衰落之危机,如此一来,共同体成员间的友爱互助才有实施并实现的可能。冷冰冰的道德关系也被注入温暖浓烈的道德情感。另一方面,道德教育的共同体化旨在塑造集温暖与信任于一体的道德共同体,为生活于道德异乡中的流浪者们提供确定的安全感,为以"唯我论"为代表的逻各斯中心主义视域下绝对主体的意义危机提供可能的解决思路,使个体在明确道德行为标准、确立正确的价值观念、积极实现自我价值的同时,增强与他者的共融共通,推进和谐有序的道德共同体的构建。综括而言,道德教育的共同体化既有利于构建互助式的新型道德关系,又有利于个体本质的价值确证,是化解陌生人社会伦理风险的必然选择。

4.1.2 推进社会主义民主政治的内在规定

对于中国特色社会主义发展的总体布局来说,政治文明与精神文明互为支撑,协调发展。"所谓政治伦理,即社会政治共同体(主要是指国家,亦包括社会诸政治共同体之间)的政治生活,包括其基本政治结构、政治制度、政治关系、政治行为和政治理想的基本伦理规范及道德意义。"① 社会主义精神文明的蓬勃发展是社会主义民主政治稳步发展的必要条件,为政治文明的演进与发展提供至关重要的思想保障、精神动力与智力支持。换句话说,中国特色社会主义民主政治的持续健康发展、政治生态的不断完善需要充分发挥精神文明的保驾护航作用,要求作出对政治共同体的必要担保。如今,在习近平新时代中国特色社会主义思想指导下,中国特色社会主义民主政治建设在坚持党的领导、人民当家作主与依法治国的有机统一方面取得了显著成就,但依然存在一些阻碍民主政治朝着正确方向发展的问题,需要集合各方力量以进一步整治、完善。如形式主义、官僚主义作风仍然存在。究其原因,主要因为个别党员干部为政之德缺失,玩忽职守,滋生出"官架子"心态,没有切实履行好为人民群众谋福利的服务意识,对人民民主权益的保障不够充分、全面,对人民日益增长的美好生活需要不够重视,简言之,未能充分理解、诠释与践行人民当家作主这一社会主义民主的本质与核心,未能树立与人民群众同呼吸、共命运的共同体意识。由此,努力营造风清气正的良好政治生态、强化社会主义民主政治建设、构建干群命运共同体与行动共同体迫在眉睫。

---

① 万俊人:《政治伦理及其两个基本向度》,《伦理学研究》,2005 年第 01 期,第 5 页。

风清气正的政治生态的确立既需要广大党员干部自觉树立为人民服务的宗旨意识,又需要个体积极塑造公民人格,增强政治参与的责任意识。概言之,政治生态的构建是一个复杂的系统性工程,需要党员干部与人民群众两大主体的协同努力,任何一方都无法构成自足的整体。一方面,中国特色社会主义民主政治的稳定发展离不开和谐有序的干群关系。干群关系冲突隐藏着潜在的社会危机,容易演变为大规模的社会冲突。就党员干部而言,与人民群众的关系是否存在应然与实然的偏差,直接关系到其工作作风的好坏与人民群众的认可与否,更关系到整个政治生态的好坏。因此,积极开展以"明大德、守公德、严私德"为核心内容的政德建设在提升党员干部为公形象、应对干群关系冲突、促进干群关系的和谐构建与优化宏观政治环境方面,不失为一条值得践履的重要进路。另一方面,中国特色社会主义民主政治的稳定发展离不开公民人格的有效培育。公民人格的培育是联结自主个体与公民社会的中间环节。从权利与责任、认知与情感、个体与共同体等多个维度发挥人民主体作用,助推公民意识的养成,促成公民人格的塑造,是社会主义民主政治的必然要求。就广大人民群众而言,按照民主程序广泛、自觉、有序、深入地参与社会主义民主政治建设,为社会主义民主政治的健康发展建言献策、对党员干部的政治行为进行有效的监督与制约,是人民当家作主得以实现、主人翁意识得以体现的必然选择,也是合格公民积极承担共同体责任的应有之义。

在中国特色社会主义民主政治的总体运行过程中,协商民主发挥着独特的关键性作用。习近平总书记在党的十九大报告中指出:"协商民主是实现党的领导的重要方式,是我国社会主义民主政治的特有形式和独特优势。"[①] 协商民主之所以如此独特,是因为它作为一种广泛的政治参与形式与理性有效的利益调节机制,有利于尊重多元利益格局,整合复杂多样的社会关系,缓和社会矛盾,畅通表达渠道,听取多方意见,凝聚社会共识,具有参与主体的多样性、参与过程的平等性、参与结果的公正性等特点,是对人民民主原则的根本贯彻。与西方多党竞争政治框架中的协商民主相比,社会主义协商民主丰富了民主的本质,具有强大的生命力与极大的优越性。林尚立从党、国家与社会三个层面

---

① 习近平:《决胜全面建成小康社会　夺取新时代中国特色社会主义伟大胜利——在中国共产党第十九次全国代表大会上的报告》,《人民日报》2017年10月28日,第12版。

分别诠释了协商民主塑造的共生格局,他指出:"协商民主的建设和发展,在党的层面,能够创造多党合作中的肝胆相照、荣辱与共的共生格局;在国家层面,能够创造各民族、各阶级大团结、大发展的共生格局;在社会层面,能够创造人与人和谐共生、全面发展的共生格局。"[①] 综括而言,协商民主内含着对国家、社会等共同体利益的普遍关照。它以强大的共识性应对民族分裂势力的多重挑战与零和博弈引发的社会失序,推动中华民族共同体意识的进一步强化,筑牢中华民族团结统一的坚定信念,营造和谐稳定有序的政治环境与社会环境,塑造团结友爱的共同体精神。透过协商民主的外在表现形式,我们可以得出一个基本结论,即协商民主能否秉持可协商性的原则,体现社会主义民主政治的本质特征,实现理论与实践的统一,获得切实成效,关键在于其能否将对人民群众公共利益的关切化为具体可感的现实、能否尊重公民意愿的表达并提升公民的政治参与热情。也可以说,可协商性的前提是为人民服务的道德承诺的履行与对群众路线的切实践行。究其实质,在差异性、多元性与个体化特征鲜明的今天,中国特色社会主义协商民主的出场折射出真正共同体的价值基准,表达了和而不同、互谅互让的道德意蕴,诠释了个体善与共同体之善有机统一的价值取向。对协商民主特点的厘清有利于加深对社会主义民主政治的整体把握。

社会主义民主政治发展的历史与实践证明了,对党员干部的政德教育不容或缺,对公民人格的塑造迫在眉睫。否则,社会主义民主政治发展的稳定性与可持续性则会受到威胁。协商民主作为社会主义民主政治的特有形式,表达了以差异性基础上的共识性与可协商性为核心特点的政治愿景,重视广大人民群众的参与与体验,内蕴着从单向走向互动、从分裂走向融合的行动逻辑。离开和而不同、和睦友好的道德环境,个体的他者意识则会淡化、退隐乃至消失,协商民主的"可协商性"则会相应地受到挑战,协商民主的基本样式也会发生变异。如此种种,都表明社会主义民主政治的有序运行需要道德教育为其提供持久的精神积淀,孕育互助合作的道德环境。究其原因,主要因为在政德教育的界面上,以为人民服务为核心的干群关系作为一种关系范畴处于优先地位。在公民教育的界面上,对独立自主的主体意识的培养与对共同体的责任相互补

---

① 林尚立:《协商民主:中国特色现代政治得以成长的基础——基于中国协商民主功能的考察》,《湖北社会科学》,2015 年第 07 期,第 18 页。

充,交互生成。而无论是政德教育还是公民教育都凸显了对党员干部与人民群众和睦友好关系、个体与共同体相互依存关系的内在关注,远远超出官僚主义与利己主义的狭隘界限,都不同程度地折射出道德教育共同体化的发展走向。由此可知,无论是干群关系的和谐构建还是协商民主的完善发展,都使得道德教育的作用越发清晰,更进一步说,都需要道德教育共同体化的持久助推。换言之,道德教育的共同体化是推进社会主义民主政治的内在规定与精神源泉。

4.1.3　共享发展的伦理要求

共享发展理念的提出,是对"发展为了谁、发展依靠谁、发展成果由谁享有"这一历史问题的理论回应与新时代解答,深化了对发展本质、发展目的与发展规律的凝练。共享发展理念表明中国共产党矢志不渝地致力于发展为了人民、发展依靠人民、发展成果由人民共享的发展实践,始终立足于人民这一逻辑中心点,系统地提炼出以全民共享、全面共享、共建共享、渐进共享为核心的发展要义。具体来说,就共享的主体而言,是"不落一人"的全面覆盖,人人平等地享有发展成果、共同享有发展机会、各得其所,这是共享发展理念的基本出发点。就共享的内容或对象而言,是对政治、经济、文化、社会与生态文明成果的全面覆盖,而非某一文明的单向度发展,这是共享发展的重要一环。就共享的进路而言,共享不是个体的单打独斗,而是广大人民群众为了美好生活的共同实现而团结友爱、互助合作、共同努力,这是共享发展理念得以实现的根本。就共享的进程而言,共享不是盲目的个体向理想共同体的直接跨越,而是由低级到高级、循序渐进、逐步蓄力的合理安排。这是共享发展理念扎根实践不容忽视的关键问题。诚然,共享发展理念作为具有实质性意义的可行性理念,体现了人与自然、人与人、人与社会的和谐发展关系。它以整体性理论为价值依托,具有各个要素的系统关联性、内在结构性等特点,蕴含着深厚的共同体思想,彰显了人类命运共同体的价值追求。它所关切的是每一个社会个体的共同福祉以及彼此的相互融入,是共同体成员不以牺牲他者利益为代价的互助式发展。个体在满足自我对于美好生活需要的同时,也肩负着带动他者共同发展的责任。如果说"共"作为一种看得见的实体形态,体现了共同体的外在样式,那么"享"则作为一种潜在的伦理观念,表达了共同体成员之间双赢共赢、互助合作的内在价值,是对共同体意识的有力彰显,宣扬了主体间性在共同体意识形成中的创造性作用。

从伦理维度来进行考察,共享发展属于发展伦理范畴,是发展伦理在新时代社会发展观层面的鲜明表达。当前,与应然层面的发展期待相比,纷繁复杂的发展问题层出不穷,不同个体的利益主张与价值观念交织在一起,模糊了人们对发展本质的正确认知,使得共享发展面临多重挑战,任重而道远。如单向度发展忽视了政治、经济、文化、社会与生态维度的整体关联,透支式发展割裂了当下与未来的发展相关性,与此相类似,数量式发展盲目推崇可量化的经济观,带有鲜明的实用主义与功利主义特征,导致了物质富裕与精神匮乏、工具理性与价值理性的二元悖论。在这三种发展模式下,人们常主动或被动地陷入"见物不见人"的异化怪圈。这值得我们进一步反省、思索:究竟何为发展的理想状态或应然状态?事实上,发展与伦理紧密相连,并行不悖,共同涵盖了对人的自由全面发展的关涉,发展伦理是共享经济持续健康发展的内在价值要求。因此,发展不只是在经济范围内进行纯粹的物质生产,既不可脱离伦理的约束高估经济发展的建设性成就,也不可否定经济发展对满足人的美好生活需要的基本作用。当前人们面临的发展问题、发展弊病归根结底是对发展伦理的严重背离。重工具理性轻价值理性的片面式发展虽然在特定的历史阶段有一定的生存空间,但从长远发展来看,却容易失去赖以存在的基础,或者说,其存在的合理性逐步遭到人们质疑。相比较而言,共享发展理念是为应对棘手的发展难题、思考发展的未来路向而提出的,是开解现代性发展弊端的钥匙,更是一场针对发展弊病的深层次革命。它以发展伦理与公共理性为坐标,以政府、社会与个体的合力为动力,以全体社会成员共享发展成果为价值旨归,反映出与人的社会性活动相一致的精神特质,注重考察个体间团结互助、平等公正、真诚沟通的社会交往关系,更能体现价值性可为的正义性与合理性。

要解决共享发展面临的问题与挑战,满足人民群众日益增长的美好生活需要,首先要从共享伦理本身入手进行考察,加强对发展的伦理关切,为其实现由"坏的发展"向"好的发展"的伦理转向提供思路。离开共享伦理的共享发展只能沦为无内容的空洞形式。之所以这样说,是因为:其一,只有确立起超越单一实体的关系思维,才能契合社会的全面发展与人的全面发展的伦理吁求,为推动共享发展进程中"重局部、轻整体""重当下、轻未来""重数量、轻质量"等问题的解决奠定思想基石,在以关系思维为核心的改革中引领全面系统可持续的发展观,从而实现"好的发展""真实的发展"。其二,只有明确个体与共同体"一而二、二而一"的内在关联,才能革除"非此即彼"的发展弊端,为人处理与自身、与他者的关系提供正确的行为准则。人既是独一无二的个体,又是与他者同呼吸、共命运的共同体。"个体的'人'最终作为行动的目的,唯有'共同'的主旨(共同创造、共同享有、共同担负等)才能联结起诸多意义上的'人'。"① 其三,只有坚持共享发展的伦理形态,才能凝聚和睦友好、团结合作的共同体精神,书写以人民为中心的时代序章。

总体来看,共享发展的持续健康推进需要切实把握好社会公平公正与主体间交往两大维度。共享发展的新时代价值主要体现在对主体间的发展关系与个体的社会待遇所持的态度上。一方面,道德教育的共同体化以社会公平公正作为对主体共享行为的有力规约,充当了共享发展的灵魂命脉。党的十九大报告指出,我国社会主要矛盾已经转化为人民日益增长的美好生活需要和不平衡不充分的发展之间的矛盾。由此,在做大蛋糕的同时,如何分配好蛋糕,便成为化解社会主要矛盾的重要着力点。毋庸置疑的是,不平衡不充分的发展,作为社会主要矛盾的主要方面,蕴蓄着人们对公平的发展机会、公正的发展待遇的积极诉求。由此,我们必须把获得感的共同归属视为共享发展的衡量标准,以社会公平公正作为评判共享发展成效的价值立场。另一方面,道德教育的共同体化尤为重视主体间的交往。主体间交往构成了共享发展的主要行为逻辑与主要介质。共享发展并不仅仅体现为主体在发展维度的共同在场,还包含共享主体间基于对某一问题的共同思虑、共同考量而形成的内在交往与积极沟通。事实上,物质文明与精神文明互为依托。共享发展这两大维度的运行无不需要强有力的道德支撑。只有为共享发展创设优质的道德环境,才能为以交互性、互依性为核心的共享意识提供良好的生存土壤。只有提升共享主体的道德素养,才能在最充分的意义上发挥人的公共精神与为他者的共同体意识,释放人的类本质,彰显共享发展的伦理效应。道德教育的共同体化旨在推动道德共同体的有机构建,实现道德个体间的互助友爱,而这恰好体现了共享发展的伦理要求。由此,共享发展的持续健康推进离不开道德教育共同体化的价值支撑。

---

① 张彦,洪佳智:《论发展伦理在共享发展成果问题上的"出场"》,《哲学研究》,2016 年第 04 期,第 102-103 页。

4.2　道德教育共同体化的可能性

在考察道德教育共同体化何以必要的问题基础上,我们需要论证道德教育的共同体化何以可能、何以现实化这个问题。首先,人的超越性本质是道德教育共同体化的价值依据。类存在对个体生命存在的超越性、道德境界对功利境界的超越性是对个体的惰性因素以及对个体间紧张关系的积极扬弃,表征着人的个性与本质的充分实现,既体现为个体积极向上的生命力量,又体现为和谐互助的社会互动关系,是道德教育的共同体化存在并发挥作用的价值依据。其次,主体间性转向是道德教育共同体化的直接动力。主体性向主体间性的哲学转向超出了个体的自我萦绕,增强而非削弱人的本质力量,最深层地表达了对互助型社会关系的价值诉求,为道德教育的共同体化提供直接动力与理论因子。最后,新型道德共同体形态的确立是道德教育共同体化的物质载体,为共同体意识的确立提供助益。

4.2.1　价值依据:人的超越性本质

人的超越性力量是共同体精神的一种预备。道德教育的共同体化作为一种不断建构、不断实现的理想状态,必须建立在类存在对个体存在、道德境界对功利境界的超越基础上。超越性以最深刻、最崇高与最开放的方式与人的积极存在相关,是一种向上的精神力量,它标志着"我"在"被决定世界"的出路,承载着人在日常生活中的价值理想,摆脱了对人的奴性理解,否定把存在向外抛的物化世界,旨在促成个体生命的完满,为人的本质力量的确证提供动力。人是克服和超越自己的存在物,是一种不断生成的超越性存在,并不受制于固有僵化的实际给定性,这是"人之为人"最根本的规定性。从人自身的发展规律来看,人总是企图走出封闭的自我中心主义,在由"偶然所是的人"向"实现其本质性而可能所是的人"、由有限向无限过渡的过程中层层递进。在很大程度上可以说,"超越"是向本质意义上的人过渡的根本路径。

人的超越性特征具体体现为以下两点:一方面,类存在对个体生命存在的超越性。人是个体存在与类存在的统一,类存在在个体存在基础上形成,发挥着比个体存在更大的整体性力量。马克思指出:"通过实践创造对象世界,改造无机界,人证明自己是有意识的类存在物,就是说是这样一种存在物,它把类看作自己的本质,或者说把自身看作类存在物。"①从个体到类的超越,是人从自己的特殊利益与欲望中抽身,以类意识推动社会关系和谐互动、塑造社会发展新样貌的必然选择,也是"人之为人"在主体层面的演进序列。另一方面,道德境界对功利境界的超越性。冯友兰提出人生有四重境界:自然境界,混沌未开;功利境界,为己为利;道德境界,为人为公;天地境界,万物皆备于我,我与宇宙同一。"为人为公"的道德体认作为美好生活的应然之道,是个体自觉走向他者、与他者相遇的关键环节,是完善生命存在状态、将人从对"为己为利"的一味推崇中解放出来并逐步提升生活品质、承担自己作为"社会人"的使命与担当的充分必要条件。从功利境界到道德境界体现了"人之为人"在德性层面的演进序列。在超越中,人处于对自我本质的积极创造、对他者的真诚关怀与共感理解中。

超越性本质不是天生就有的,而是人通过对自私、惰性等因素的抵抗产生的。在个体的多元意识结构中,受多重利益与思维的交织影响,人是复杂的矛盾体。在实现自我价值、逐步向超越性本质逼近的同时,人总会经历悲剧性的矛盾与冲突。具体来说,超越性使人摆脱被异化的外在奴役,获取与人的本质相一致的自由,但这个自由需要经历一定程度的"不自由"、付出持久的努力才能获致。放弃自我超越,同意利己主义思潮对自我的渗透与挤压,屈服于为己为利的生活环境,在一定程度上可以帮助个体减轻因对奴役的积极抵抗所造成的"痛苦",获取"消极自由",而且人因受制于本能的冲动、发展的惰性等因素很容易这么做。由此可以看出,超越境界需要经过长时间的坚持与努力才能达致,而且是对人性的极大考验。它总是在主体进行自由自觉的活动时加以呈现。当今社会,人的超越性本质所需直面的现实语境是,在现代化迅猛发展的同时,浮躁、焦虑等社会心态依然存在。有一部分人迷恋功利境界带来的物质富足,过分依赖于或者说不愿意跳出生活的舒适圈,很容易放弃对超越境界的积极探寻,陷入物化陷阱与自我中心主义的怪圈。与之相应的是,潜藏在人的意识结构深处的超越性本质遭到压制。人们在实现超越本质的过程中被无力感、恐惧感充斥,与超越性的人生理想愈发遥远。然而,这并不意味着它的价值可以被自然境界与功利境界所质疑、所替代、所遮蔽。相反,超越性是人的解放不可或

---

① 《马克思恩格斯文集》(第1卷),北京:人民出版社,2009年版,第162页。

缺的重要品性。"人的生命由自在转化为自为的过程中,内在意志的冲突必然出现,从而产生痛苦、焦虑等体验。如作为生命深度不安的痛苦,人之所以能体验到,本身就已站在了痛苦之外,有幸福的渴望。"① 放弃超越境界、恐惧为超越付出的"痛苦"隐含着一种使真正意义上的自我受奴役的风险,意味着否定创造性的可能生活,更意味着对异化、奴役的屈服与对人之为人价值准则的背离。失去向超越性迈进的动力,个体"向上"的存在则无价值可言。

超越性包含内向性与外向性双重维度。一方面,从主体蒙昧状态到积极的自我超越、自我跃升,人的德性嬗变始终伴随着对自我本质的理解过程。人对生存现状的不满足和怀疑、对企图改变现状的冲动为人的上升预设了无限可能。更进一步说,人对现存秩序的革命化、对生活方式的积极改变为超越性的实现留存了发展空间。因此,超越性首先涉及的是个体自身的内部特质,体现了对自我德性的内在要求。另一方面,我们需要注意的是,超越不是个体在自我内部的延展,不是自我疆域的无限扩张。离开社会关系的支撑,局限于个体内部的自我超越是不可能的。人的社会关系是超越性得以立足的基础,或者说,对自我的超越发轫于对与他者的社会关系的依恋与信任。"在他的自我'存在'的努力或'能动'中,'非存在'或'受动'的感觉是不可避免的。自我追求自己的可能性中产生的'做人'或'我是谁'的犹疑、孤独与焦虑就是这种有限性意识,也因此有着参与意义整体获得自我肯定的愿望。"② 由此看来,超越性与社会整体性密切相关。个体通过参与意义整体弥补自我的有限性,获得他者对自我的肯定,实现向无限性的逐级逼近。整全的社会关系为个体的自我超越提供稳固的上升阶梯与可依托的价值场所。透过个体表现出来的对他者的友爱、互助与同情,我们不难发现超越性所隐含的向外辐射性。

综上所述,无论个体是否意识到、能否自觉地实现超越性本质,无论超越性本质的实现需要个体付出何种程度的努力,超越性始终都是人之为人的重要品性,与每一个个体的生存与发展密切相关,是塑造道德个体与道德共同体的构成性品质。类存在对个体生命存在的超越性、道德境界对功利境界的超越性

---

① 高绍君:《意义与自由——一种人的超越性研究》,长沙:湖南人民出版社,2005 年版,第 75 页。

② 高绍君:《意义与自由——一种人的超越性研究》,长沙:湖南人民出版社,2005 年版,第 72-73 页。

是对个体的惰性因素以及对个体间紧张关系的积极扬弃，表征着人的个性与本质的充分实现，既体现为个体积极向上的生命力量，又体现为和谐互助的社会互动关系，是道德教育的共同体化存在并发挥作用的价值依据。具体来说，类存在对个体生命存在的超越性、道德境界对功利境界的超越性为道德共同体意识的生发与道德共同体的当代建构提供可能。而道德教育的共同体化秉持人是关系性存在的主张，呼吁存在的意义向度，有着团结互助的内在结构，发挥着将竞争性的利益关系与对抗关系转化为彼此关照性的伦理关系与合作关系的外在功能，为个体超越自身的功利偏好、激活良善本性、实现向"道德人"的理性过渡留下了空间。如此一来，其与道德个体的超越性存在不谋而合。换言之，人的超越性本质担当了"使人成为人"的重任，是人的德性修养逐步提升的促动力，为人打开了通往自由自觉主体的渠道，搭建了我与他者互融互通、相互信任的桥梁，诠释并助推了道德教育的立德树人使命。人在向超越性本质逐步逼近的过程中，道德教育的共同体化也逐步成为一种可能的、可行的建构理路。

4.2.2　直接动力：主体间性转向

近年来，单一主体视域下道德教育的发展弊端日益显现，主体—客体的二元对立范式是一种单向度的发展范式，也是一种二分法的发展思维，侧重于主体对客体的无条件控制与束缚，俨然不适用于道德个体的可持续发展。究其原因，主要因为人是具有自我意识的存在物，单向度的主体—客体发展范式忽视了客体的主体性或者说客体对主体的能动作用。过于强调教师主体性容易导致话语霸权、德育内容的过度灌输与德育过程的呆板僵化，忽视学生自由意志的表达，产生"规训式教育"。同样，过于强调学生主体性容易引发价值困惑，导致德育标准的乏力与德育目标的旁落，忽视教师的价值引导，产生"相对主义教育"。如此种种，客观上要求道德教育亟须变革。目前，大中小学逐步认识到单一主体视域下道德教育的发展缺陷，为了克服教育者与受教育者关系的弱化，纷纷推出由主体性向主体间性转向的系统化策略，采取"视域融合"的德育理念，主张教育者与受教育者之间的双向建构与双向整合，强调二者的交互主体性、共生性与双向互动性，力图弥补德育事实与价值的内在割裂，构建合乎德育发展目的的关系性的善。"主体间性对主体性的超越，不只是师生关系的变革，更主要的是它使教育关系真正成为人与人的关系，教育真正成为人与人心灵的交融,把教育的本性还给了教育。"① 就主体间性视域下道德教育的具体涵盖内容而言,主要包括以下三点。

第一,教育者与受教育者的地位平等,这是主体间性转向最直接明了的贯彻与表达,也是主体间性理论的基本出发点。它是对传统"我说你听""我打你通"德育模式的重大变革,也是传统德育对教育者与受教育者关系研判失误的及时纠正。事实上,教育者与受教育者可以相互转化,互为前提,教育者不是道德权威的化身或强制性推广自我价值体系的"驯服者"与"独断者",受教育者也不是被动接受德育教化的唯命是从的"听话者"。尽管教育者与受教育者在生活水平、受教育水平、道德习俗与道德素养等方面存在或大或小的差异,但是二者并不存在高低优劣之分,反而都是一种合理性存在,拥有平等地参与道德教育的机会与话语权,以平等的身份参与各种各样的道德活动,共同分担道德教育的目标与任务,并为道德教育的未来优质发展出谋划策。这也是古人所称道的"无贵无贱,无长无少,道之所存,师之所存"。以此为基础理解并建构教育者与受教育者的平等关系,是主体间性向纵深处发展的关键。总体来看,单向度的德育困境首先表现为关系性的善的缺失,它通过主体间性获得解决。换言之,主体间性视域下的道德教育首先要排斥不平等的教育主张。

第二,道德教育的主体间性转向主张教育者与受教育者的合作、对话、理解与沟通,这是主体间性的核心要义。教育者与受教育者处于共生共在的辩证关系之中,共同描绘德育走向的清晰图画,离开其中一方,另一方都无法发挥应有的作用,难以实现道德治理功能。一旦二者在交往互动方面产生隔阂,道德教育的具体实践效果则会不尽如人意,与应然层面的道德要求存在偏差。由此可见,道德教育有效性的根基是良好的双向互动关系。教育者与受教育者的内在协同关系规定了二者的鲜活本质。这种"教学相长式"的共生理念具有鲜明的道德意蕴,同时也是"合乎道德的教育"的内在要求。事实上,交往是人之为人的本体论条件,具体到道德教育场域,教育者与受教育者的有效交往、合作、互相尊重、彼此关切与深度融合是道德教育的应然状态。教育者在交往中发现受教育者的道德诉求,又把受教育者作为一面检视自我的镜子,在受教育者对

---

① 冯建军:《以主体间性重构教育过程》,《南京师大学报(社会科学版)》,2005 年第 04 期,第 88 页。

德育的参与态度、对社会与他者道德状况的关注态度中发现自我。当然,我们必须清楚的是,这种交往不是教育者与受教育者之间简单外在的排列组合,而是关乎本质、上升到认同性的交往。正如巴西著名教育家弗莱雷所说,"老师不再仅仅去教,而且也通过对话被教,学生在被教的同时,也同时在教他们共同对整个成长过程负责。在这个过程中,'特权式'的讨论已不再奏效……这里没有谁在教,也没有自己教自己,只有从头至尾地相互地教。"① 通过真诚的交往、对话与移情,教育者与受教育者的道德认知水平、道德行为动力与行为能力得以大幅度提升,道德共同体的意向性或者说道德共识得以可能。

第三,教育者与受教育者之间的交往与对话并不妨碍二者自成目的的存在或者说自主性存在,换言之,与主体性的彰显并不冲突。主体间性容易造成一种危险的假象,即把主体间性简单化约为教育者与受教育者在整体层面的绝对统一。事实上,教育者与受教育者作为道德教育不同的面向对象,拥有独立自主的完整人格,因而具有某些不受他者干涉的相对独立性。交互性映射着双方对于人的存在的社会性的自主性思索,并没有降低各自的自主性。这是主体间性由主体性发展而来的重要基础,是主体性在当下的高层次延续。与一方对另一方的压制相反,主体间性主张一方对另一方道德选择的理性尊重。主体间性视域下的道德教育虽然呼吁教育者与受教育者的交往与合作,强调二者的内在统一与互依性,但这种交往与合作需要秉持一定的边界意识,给予个体一定的自主发展空间,可以说,有序、高效的道德交往在互相尊重对方自主性的基础上得以显现,交互性对自主性的掩盖、肢解是对主体间性的严重误解。任何程度的越界或僭越都是对主体间"既独立自主、又互相补充、通力合作"的平衡关系的某种破坏。

通过对单向度的主体—客体范式下道德教育困境的批判与超越,人们将道德教育的核心主题由主体性转化为主体间性,这种转向的基本逻辑是,教育者与受教育者平等参与德育活动、共同协商德育事项、共筑团结友爱的道德共同体。以此为基础,德育工作者纷纷展开对道德教育共同体化的可能性研究。毋庸置疑,与他者相遇并积极走向他者,是人的生存状态。"彻底否定他人,是取

---

① [加]克里夫·贝克:《学会过美好生活——人的价值世界》,詹万生等译,北京:中央编译出版社,1997年版,第238页。

消而非加强了主宰:这正是黑格尔乐于探索的悖论。"①在主体间性视域下的道德教育场域中,教育者身上有受教育者的因素,同样,受教育者身上也体现着教育者的因素。教育者与受教育者所构筑的关系性的善是基本议题。二者在自由自觉地发挥主观能动性的同时,遵循平等相处的基本原则,加强沟通与对话。而这恰恰是道德教育的共同体化的重要关注点。现在我们可以得出一个基本结论,即主体性向主体间性的哲学转向超出了个体的自我萦绕,增强而非削弱人的本质力量,最深层地表达了对互助型社会关系的价值诉求,为道德教育的共同体化提供直接动力与理论因子。正是通过与他者的主体间性关系,人才真正成为包含社会性内容的现实存在,人的构成性缺陷才能得到最大程度的弥补,道德教育的个体化困境也逐步得以消解。由此可知,要实现对道德共同体的新一轮构建,营造和谐互助的社会关系,必须以对主体间性的深层次分析代替对主体性的单方面分析。

4.2.3 新型道德共同体形态的确立

从现实依据来看,在全球化、信息化与社会化高度发达的今天,共同体已然成为人们生存发展的必然趋势,并且理应成为人们未来发展的关键性依托力量。与此同时,以资本增殖为手段、以工具理性为指引、在资本逻辑规制下的现代性社会对满足人的美好生活需要来说完全是冷淡的。事实上,人始终以与他者的依恋关系为前提,或多或少地带有共同体印记,对他者与共同体负有义务。遭遇个体化发展困境的人们面临着共同体的断裂境遇,有一种向共同体复归的急切渴望,或者说,孤独的个体越来越期望将自身维系于他属于其中一员的共同体,对有机的、温暖的、和睦的共同体的怀念愈发浓烈。然而,共同体形态不是流定不变的。相对而言,传统意义上的血缘、地缘等共同体形式随着交往场域的扩展、生活场景的变迁、人们思想的变化而出现了道德教育功能的弱化现象。传统的共同体形态与现代化社会的发展面貌也愈发格格不入。如何实现道德共同体的重建,使得共同体的道德功能得到有秩序的表达,是一个亟待解决的问题。当前,共同体的时空转向尤为明显。从熟悉的邻里关系到陌生的社区关系,从外显型共同体到"微"时代背景下的"微"共同体,都反映了道德共

---

① [法]茨维坦·托多罗夫:《共同的生活》,林泉喜译,上海:华东师范大学出版社,2017 年版,第 45 页。

同体形式的巨大变化,也反映了道德共同体边界的不断延展。职业人、信息人的大量涌现以及对风险社会视域下人类命运的共同关注成为新型道德共同体形态确立的基本依据,塑造了新型道德共同体形态的特殊气质。这就让我们不得不去审视与思考道德共同体形态在传统与当代之间的逻辑关联与本质区别,同时要求我们从有别于传统共同体的视角提炼并确立新型道德共同体的基本形态,实现从传统到当代的质的跨越,以期为道德共同体意识的新时代构筑提供可依托的有效载体。具体来说,新型的道德共同体形态可分为三类。

第一类立足宏观维度,意指风险社会驱动下的道德共同体,它以对伦理风险的共同抵抗为核心,通过对共同体力量的塑造,矫治风险社会内蕴的种种问题,提升人们应对现代性视域下个体化风险的能力。其指向性有两方面,一方面是风险社会的表现实质,乌尔里希·贝克指出:"现代化风险具有'回旋镖效应',打破了阶级图式。生态灾难或核泄漏向来无视国界……风险社会是一个世界风险社会。"①面对风险社会造成的外在威胁,滕尼斯认为,人们"越是受到外来的威胁,越是想起这个群体,相结合就越明显、越强烈、越密切"。② 由此可知,风险社会是现代性造成的"文明的火山",是资本逻辑与工具理性联姻的产物,具有超越阶级、跨越国界的全球性、极强的传播性、一触即发的潜在威胁性与不同于自然风险的人为性,对风险社会的无视容易导致人的异化问题、社会异化问题的渐次呈现。另一方面是风险社会与道德共同体的内在关联。与道德个体相比,道德共同体更具有应对风险社会的综合力量。人类社会越是面临风险社会的挑战,就越容易激发出共同体的力量。道德共同体以风险社会为现实标靶,通过对伦理风险的积极应对展示其存在意义,是道德个体克服自我异化、实现自由全面发展的理性选择。由个体单独来承担风险,不仅容易造成个体的紧张与焦虑,而且容易加剧风险的危害程度。脱离共同体的个体无法承担风险带来的种种挑战。风险的全球化与同一性呼吁合作的安全观、理性的发展观与有机团结的全球治理观。如此种种,都是对人在充满各种安全与发展隐患的风险社会中如何实现共同生存与美好生活、构建道德共同体、走向"和合"的

---

① [德]乌尔里希·贝克:《风险社会:新的现代性之路》,张文杰等译,南京:译林出版社,2018年版,第9页。

② [德]斐迪南·滕尼斯:《共同体与社会》,林荣远译,北京:商务印书馆,1999年版,第60页。

价值关涉。

第二类立足中观维度，意指职业空间约束下的道德共同体，以共同的工作场景下彼此为了共同利益所进行的高效合作为核心，通过彼此间有序的分工合作，指向共谋发展、团结互助的总体方向，以期达到"1+1>2"的理想状态。随着信息社会的迅猛发展与人的社会化程度的不断加深，人对职业的需求愈加多元化、广泛化、普遍化。对人与职业的关系进行考察，我们可以看出，职业作为一个集合名词，是自我与他者建立联系的重要环节与纽带，更是现实社会中人实现自我价值的重要场所。职业在很大程度上为人提供作为存在理由的意义。职场是人系统地接受社会化过程、实现关系性的善的重要场所，也是人们凝聚共同体意识的主要载体，发展出将所属职员凝聚团结起来的趋势。从狭义上说，共同的办公场所、统一的职业规范、明确的职业道德、分工合作的职业规划与一体化的职业目标是对个体的有效制约，也是调节职员间矛盾与冲突的有力杠杆，为道德共同体的生长与成员间共在共生关系的构建开辟了外在空间，为共同体意识的生发作出了物质铺垫。从广义上说，"一荣俱荣、一损俱损"的职业感觉与职业认同则是人们对职业共同体道德功用的致思方向，它赋予个体内在的温暖般的共同体感觉，衍生出和睦团结的价值取向，超越了以利益共同体为代表的偏狭性，是归属于同一类职业群体下的职员跨越零和博弈陷阱与对立思维、摈弃机械团结、树立集体意识、增强集体责任感与归属感、实现有机团结的内生动力。总体来看，职业空间约束下的道德共同体关注的是共同体成员发自内心的职业道德与职业担当。

第三类立足微观维度，意指与信息化、网络化大趋势相伴随的微道德共同体，以自媒体时代个体之间的微关系为核心。覆盖面广、应用性强的微媒体将抽象的、宏大的"集体"概念还原为具体的、微观的"群"概念，降低了人与人的交往难度，拓宽了人与人的交往范围，加深了各个微观群体中成员的交往情感，在陌生人社会的大背景下为孤立的个体营造了"家"的温暖。例如，微信群作为"群"概念的缩影，囊括了事务型、社交型、学习型等以满足人的生存、发展与自我实现需要为基本目标的"群"形态，为共同体生活提供了诸多便利。毋庸置疑，这种意义的群概念是对共同体概念的强化与重塑，它所内涵的群宗旨与群规则以个体日常道德生活的真实存在为始基，将个体与抽象共同体的距离无限拉近。当然，微道德共同体加剧了人的碎片化发展，这引发了部分学者对它的质疑。然而,这种碎片化发展是场域的碎片化,而非关系的碎片化。究其根本意义来看,它构建了柔性、灵活、自由的情感联结方式,使得个体基于本能的中意作出与他者的交往行为,为个体间的交往提供了多样的交往事由与交往机遇,增进了个体间默认一致的道德关系。

总体来看,这三类道德共同体的新形态从不同的视角书写了道德教育的新谱系,搭建了道德教育共同体化的新平台。当然,不能简单地认为,道德共同体形态的确立就是道德共同体意识的确立。在复杂多样的社会中,任何一种道德共同体形态都可能面临"貌合神离"的境遇。因此,如何充分利用这一平台或载体,为道德共同体的构建提供支撑,是未来需要考虑的一个重大问题。

4.3　道德教育共同体化的超越性

在论证道德教育共同体化的必要性、可能性的基础上,我们有必要来分析并论证道德教育共同体化的超越性。道德教育的个体化强调绝对的自我观,以"德性""修身"之名掩盖个体与他人的孤立乃至对抗之实。道德教育的传统集体主义(而非社会主义、集体主义)向度强调绝对的集体观,以"集体道德"之名行权力主体或意志主体的利益剥夺之实,是一种彻底意义上的同一化与总体化。总体来看,二者以"一"与"绝对"为核心范畴,是对实体思维的具体应用。而道德教育的共同体化尤为关注关系理性的生发与建构,旨在实现对实体思维的批判与超越。

4.3.1　道德教育的共同体化对传统集体主义向度的超越

与国家提倡的社会主义集体主义不同,传统集体主义是指以个体对集体的绝对服从与绝对依赖为中心的制度安排与价值取向,它始终将带有社会属性的"我们"置于具有鲜明的道德认知与道德需要的"我"之前,旨在塑造一味听从集体意见的"大众",体现了整体对个体、无限对有限、抽象对具体、一对多的支配与统筹。为了寻求道德秩序的绝对性与必然性统一,道德教育的传统集体主义向度把集体实在化、客体化,制造了关于集体道德的诸多神话,它对德性与善提供了一种过分简单、过分统一的观点,抹杀了人的原初实在性与具体性。换言之,个性完全被集体吞没,个体意识完全依赖于集体意识,社会充斥着种种"非个性"与"被决定性"。在我国,集体化一词最早应用于新中国成立初期农业的集体化运动。激发了群众"热情高涨""团结有力""高度一体化"行为,也产生了不容忽视的副作用,埋下了"盲目从众""机械团结""自我身份缺失""同质性侵蚀"的隐患。

从哲学意义上说,道德教育的传统集体主义向度过度强调一元论,而一元论违背了人之为人的原初本性,是人受奴役、丧失完整性的哲学根源。在传统意义上的集体主义向度下,道德教育的意图不在于集体能为个体道德的重塑与发展提供多大程度的保障,而在于个体如何为集体、公共的"善"给予或牺牲个体的"善"。传统集体主义向度用一体化的和谐来武装集体道德,它所扮演的仅仅是外在强制性的权威角色,或者要求个人按照最大多数人的意志以同一方式行事,或者要求社会借助"人应当如何生活"的名义不断给个人下达为"公共幸福"而牺牲自我的统一指令,容易演变为对个性的可怕束缚。康德认为:"没有人能强制我按照他的方式(按照他设想的别人福祉)而可以幸福,而是每一个人都可以按照自己所认为是美好的途径去追求自己的幸福,只要他不伤害别人也根据可能的普遍法则而能与每个人的自由相共处的那种追逐类似目的的自由(也就是别人的权利)。"[1] 因此,道德是靠信仰、认同来维持的,而不是靠强制性的外在力量。一个主体,在绝对的集体意志的强制之下被迫履行道德义务,这对于他实现自我完整性的诉求、表达自我意志的需要来说,必然会产生一种持久的压迫感与自卑感,引发道德主体"为承认而斗争"的冲突,破坏道德运行的有机秩序。这也意味着一个需要澄清的事实,即道德教育的传统集体主义向度塑造的"大众"可能更慷慨和更富有牺牲精神,但也可能因为压迫而变得更残忍和更无情。综括而言,从道德角度看,社会主义集体主义精神符合道德建设要求,需要大力弘扬,然而,传统意义上绝对的利他不可能产生没有瑕疵的善。个性发展不对立于共存,而传统集体主义将二者绝对对立。人的整个生存被客体化于绝对利他主义的道德体系中,被向外抛、被外化。道德教育的传统集体主义向度在某种意义上形成了控制塔,妨碍人的完整性、整全性存在,使人成为非人,极易引发"大众的反抗"。

总体来看,我们不得不考虑的是,道德教育的共同体化虽然与传统集体主义向度存在"表面意义"上的类似性,都以集体或共同体这一群体性概念为本

---

[1] [德]伊曼努尔·康德:《历史理性批判文集》,何兆武译,北京:商务印书馆,2011 年版,第187 页。

位,将集体或共同体作为价值排序的首要考虑,呼吁集体精神或共同体精神,主张个体的自由全面发展离不开集体或共同体的充分保障,但在本质上有着根本的区别。而且,二者的不一致性比我们所能发现和认识的要多许多。我们必须消除一个误解,即把传统集体主义等同于社会主义集体主义与共同体化。究其原因,主要因为,从历时态维度看,道德教育的传统集体主义向度发源于人的无主体性状态或主体无意识状态,处于对绝对集体的原初肯定阶段,长远地看,人们无法为牺牲小我成就大我的绝对性道德行为提供合理性辩护,由此必然会导致道德共同体谋划的失败;道德教育的共同体化经历了个体化这一中间环节,融入了对个性的尊重等发展要素,强调共同体成员对道德共同体发自内心地认同与理解,处于对传统集体的否定之否定阶段,这就决定了其比传统集体主义向度更具有持久性与稳定性。从发展性质来看,道德教育的传统集体主义向度是集体决定论与一元论的典型代表,其中,以绝对集体与必然性为核心的单一复数获得主导意义,道德个体的个性与独特性未能得到彰显;道德教育的共同体化是一与多、普遍性与特殊性、必然性与偶然性的有机结合,体现了对决定论的克服,比传统集体主义向度更成熟、更能彰显人之为人的本质、满足人对于良好的"共同生活"的基本需要、实现共同体之善或关系性的善。由此可见,道德教育的共同体化是对传统集体主义的彻底性、革命性与根本性变革,是对社会主义集体主义精神的积极弘扬。人只有在共同体化而非传统集体主义向度中,才能证实我的关系性存在,孕育、涵养共同体精神或社会主义集体主义精神。二者的不同定位与功能决定了我们不能对其等同看待。

具体来说,道德教育的共同体化并不主张对个体的终极道德审判,它始终秉持价值认同的宗旨,强调只有当社会成员发自内心地理解道德教育的本质和规律、自觉参与道德教育运作的整体过程、充分信任道德教育的价值原则时,道德教育才具有可能性与可行性。毋庸置疑,个体有自己的质的规定,而不是作为服从的部分被包含在普遍性之中。共同体精神孕育于个体对有意义的共同生活的恰当理解中。道德教育的共同体化是在尊重不可通约性的个体差异基础上所谋求的道德同一性,是规范性导向与自由式发展的统一,实现了对道德个体与道德共同体的双重关照,不同于单纯追求道德同一性、集权性的强大攻势而遗忘或藐视个体差异的道德教育观念。

此外,与道德教育的传统集体主义向度所依托"机械团结"相反,道德教育的共同体化依托社会主义集体主义精神,旨在构建有秩序、有质性、有共情意识的道德共同体、促成"有机团结"、揭示我与他者的"相近性"与"共情性"存在。一方面,从批判性维度看,战胜机械团结对人自身的奴役与束缚是道德教育共同体化的一大主题。在传统集体主义向度下,道德教育将对不同个体的不同道德层次的考虑排除在外,以同一化的道德标准要求所有个体的道德行为。为了完成道德教育者的命令,受教育者纷纷以归属于其中的绝对集体利益为重,将道德英雄作为学习的榜样,扮演"泛化的他人"角色,却没有意识到何为真正的集体利益、如何肩负起为他者的责任,进而陷入形式主义的窠臼。人与人的共同体情感没有被充分激发,陷入"有沟通、无交往""有结合、无团结"的尴尬境地。"是"变得脱离了应当,"事实"变得脱离了价值。与此同时,机械团结的背面是排斥不属于同一集体范围的人,将对他们的排斥与谴责作为维护所属集体利益的必要环节。由此,试图将原子式的机械团结等同于有机团结,将是徒劳的。道德教育的共同体化通过批判机械团结对人造成的异化现状,澄清关系性存在的本质性内涵,进而为道德共同体的重构奠定基础。另一方面,从建设性维度看,构建有机团结的道德共同体是道德教育共同体化的核心任务。人与人的相关性最根本的不在于利益相关或行为相关性,而在于关系相关性。人与人的有机团结、精神互动与彼此认可是道德得以建立的关键。道德教育的共同体化必须注重保持道德个体间的凝聚力与结合力。为达到这一理想效果,人们在明晰社会主义核心价值观的宗旨与内涵基础上,依据它们作出合理的道德行动,进而自觉地将与他者相关的利益考虑在内,秉持与他者的同情共感意识,坚守并践行为他者的责任伦理。事实上,在妥协的个人主义与绝对无私的利他主义之间,仍然敞开着一条合乎道德的为他者的道路。这条道路符合人的关系性存在的本质要求,是人与人实现有机团结、构建共同生活的必经之路。

4.3.2 道德教育的共同体化对个体化的超越

道德教育的个体化在现代社会中表现得尤为明显。"个体化"以个体力量为依托,主要是指以个体从传统意义上绝对集体的控制性力量中的解放以及个性的自由发展为中心的制度安排与价值取向。它始终秉持自我之实存的自我主义,将带有个体属性的"我"置于所处其中的共同体之前,把共同体精神悬置起来,旨在塑造绝对的个体与绝对的自我,体现了道德个体对道德共同体、有限对无限、具体对抽象、多对一的支配与统筹。在个体化中,自我界定共同体,而并没有为共同体所规定,共同体奠基于个体,要回溯到个体才可理解。在个体化中显露的存在的面孔,固定于自我这一概念中。从理论维度分析,个体化一词起源于安东尼·吉登斯、齐格蒙特·鲍曼以及乌尔里希·贝克的个体化理论。吉登斯作出了当前社会实现了由解放政治向生活政治转型的著名论断,并将个体化定义为个体对生活的自我规定、自我决定以及个体的内在解放。鲍曼认为碎片化与游离化已成为后现代视域下个体化的典型表现。贝克立足于三个分析维度对个体化进行阐述,指出:"在支配、扶持等传统背景方面,脱离由历史赋予的社会形式与社会义务('解放的维度');在实践知识、信仰和指导规范方面,丧失传统的安全感('祛魅的维度');以及——相反的字面含义——一种新的社会约束('控制或再整合的维度')"。[①] 总体来看,个体化与社会结构的现代性转型密不可分。现代性催生了个体化在道德教育场域的呈现。他们认为个体逐渐摆脱传统社会的控制与束缚,更加自觉主动地证明自身的存在价值,实现由"承受者"向"自我负责"的责任者,由被动服从、无主体性向自主决定、主体意识觉醒的创造性转化,但也面临着从一系列传统的规则与制度体系中脱嵌的巨大风险。

道德教育的个体化以个体化理论为依托,以对个性的彰显与道德主体自由身份的确证为中心点,通过价值澄清道德教育、人本主义道德教育与存在主义道德教育三种类型的演绎,使得从传统社会中脱离的个体在获得对道德选择、道德判断的自我确认的"突如其来"的机会时呈现"井喷式"发展。在这种个性发展相对活跃的背后,我们可以发现,道德教育的个体化虽冲破了对道德权威的教条式理解,使得道德个体获得了不同程度的自我解放,拥有一定的道德自主权与道德选择权,保持着绝对的道德自我,却没有实现对道德标准的理性重塑,或者说,没有为人找到重新安放"自我"的道德空间。个体在追求自我欲望的过程中,越来越疏离他者、疏离共同体,与此同时,个体自动关闭通往他者的门窗,成为与他者分离的孤独存在者与价值迷茫者,个体与他者的原初且独特的道德关系被人为地严重割裂。公共伦理的缺场、普遍精神意义的缺失使得"在被'脱域了'的个体所走的路(现在路是要长期走下去的)的尽头,见不

---

① [德]乌尔里希·贝克:《风险社会:新的现代性之路》,张文杰等译,南京:译林出版社,2018年版,第155页。

到'重新嵌入'的希望"。① 与此同时,道德相对主义或价值虚无主义思潮在个体道德世界中肆意横行。个体自觉或不自觉地对转瞬即逝的多元价值展开追求,在"诸神之争"的现实境遇中面临前所未有的伦理危机,感受到前所未有的道德挣扎,既回不到以团结、信任、自觉承诺为纽带的熟人式家园,又难以融入集竞争、自由与利益于一体的现代性的生活场域。"去道德化"的精神迷失、"形而上追求"的价值幻灭与自我身份的过度消费大量呈现,如此种种,都表明道德教育的个体化正在以超出自身发展的临界点的方式改变道德教育的本质要求、运行轨迹与作用方式,引发道德教育的深层次危机。因此,从道德教育危机中识别出个体化的伪善缺陷则显得尤为迫切。

与个体化对道德教育本质的修正理解不同,共同体化从关系角度入手对道德教育进行考察,力图还原我与他者之间恰当合理的道德关系。换言之,与个体化对共同体意识的遮蔽不同,共同体化意图转向他者维度、呼吁关系的在场,强调对共同体精神的解蔽与建构。它所呈现的主体性是作为对他者开放的主体性,或者说在更多意义上体现为我与他者之间的"面对面"的主体间性。它一度显现为一种运动,即从我出发,从熟悉的自我世界出发,向着他者、向着陌异的世界无限逼近、无限延展。他异性是道德教育的共同体化始终需要考虑的关键点。道德关系是个体置身于共同体中的鲜明体现。离开与他者的道德关系,道德个体则面临坍塌的危险。从对人的德性教化作用看,道德教育的共同体化对道德标准进行含括地统握,为价值迷失的道德个体提供方向。它强调道德个性与道德共识的相即性而非同一性,是在本体论默契基础上共同体成员对于公序良俗或善的普遍规定性的默认一致,是互为依赖性的个体在复杂庞大的社会体系中安身立命的伦理基础,为个体善与共同体之善的共融共通奠定有效基础。从对道德秩序的重构作用与对良好的共同体生活的助推作用看,它始终以对脆弱性的善的批判以及对关系性的善的构建为中心议题,恢复了共同体精神的应然价值,维护了和谐稳定的道德秩序,而且进一步详细地阐释了良好的共同生活的本质要素,为个体担负起为他者的道德义务、超越既定的存在样式提供了值得借鉴的选择进路。据此,我们可以得出结论,即引领性的价值标准、

---

① [英]齐格蒙特·鲍曼:《流动的现代性》,欧阳景根译,上海:上海三联书店,2002年版,第51页。

互助和谐的共同体精神、良好的共同生活的有序运行恰恰是共同体化与个体化的根本分歧所在，或者说，是共同体化区别于、超越于个体化的根本体现。

具体来说，共同体化对个体化的超越主要体现为以下几点。首先，个体化被体验为自我中心主义，它号召纯粹主体主义的道德宣告，并没有提供应然性的道德价值以供人们在道德生活中遵循与践履。针对于此，道德教育的共同体化尤为强调对正确的世界观、人生观与价值观的铸造与捍卫，它以"合乎道德、合乎理性的教育"为出发点，具有鲜明的价值论导向。它以"有标准的道德选择"取代了"没有标准的道德选择"，将个体化时代被遮蔽的道德标准重新释放出来，为道德个体提供接受公共伦理评价的理由与标准，从根本上冲破了个体化内涵的无公度性或价值虚无主义困境，强化了道德教育的道德属性。其次，并非任何形式的道德教育都有关系理性——道德互助行为这样的道德结构。个体化肢解了人的关系性存在的本质内涵，将人与人的道德关系理解为巩固自我利益基础上的衍生关系。针对于此，道德教育的共同体化尤为强调伦理关联之于人的发展的重要价值。之所以这样说，是因为人总是处于与他人的特定的社会关联中的"在场者"，而不是处于这种关联之外的旁观者。道德互助比道德冷漠、道德孤立更接近人的关系性存在的本质，使得从个体向共同体的过渡成为可能。道德教育的共同体化以"道德朋友"的互助面貌代替了"道德异乡人"的孤独、漂泊与陌化面貌，从根本上打破了个体化内涵的原子化困境与迷茫境况，实现了陌生人社会条件下道德主体的情感共融与价值共识。和谐互助的道德关系的构建任务只有在这种共同体化中才能得以完成。最后，个体化中的绝对自由观偏离了人的自由全面发展与社会自由全面发展的总体定位。针对于此，道德教育的共同体化以总体性与整全性的道德观照取代细微性的道德叙事，主张人的整全性而非片面性发展，从根本上超越了个体化内涵的以底线挤压崇高为表现形式的碎片化困境，巩固了道德教育的稳定性与可持续性。据此，道德教育的共同体化以认识他者与通达他者为重要环节，以一与多、普遍性与特殊性的结合为关键性方法，旨在推进个体与共同体的整全性发展，从而实现对个体化的超越。

综上所述，道德教育的个体化与传统集体主义的产生及其发展，与社会总体的发展态势、社会境遇、人们当时的思想观念息息相关，都具有历史条件的正当性与合理性，都对当时道德教育的立德树人使命的实现产生一定的积极作用,但由于对关系理性的严重忽视而陷入发展的窠臼,引发道德教育的一系列发展困境。由此,一方面,我们要充分利用共同体化产生的德育影响力来对二者的缺陷、不足之处进行严厉批判;另一方面,鉴于二者发挥过的积极效用,我们不能对其作出全部否定。我们需要注意的是,共同体化指示的是一种向上的超越、从低级到高级的超越。超越的观念不能被还原到对个体化与传统集体主义向度缺陷的单纯否定之上。

此外,对个体化与传统集体主义的基本关联进行考察,我们可以发现,它们分别以个体与集体作为出发点,虽然在德育定位、德育内容、德育体系等方面存在实质性差异,有着南辕北辙的道德教育目标体系,但从本源意义上来说,都存在着内在而辩证的相通性,都是对"实体思维"的不同层面的具体应用。那么,何为实体思维?如何界定实体思维?在哲学史上,实体思维代表着一种追求终极实在"并从它出发来理解和规定现实世界的思维方式"①。关于"实体",海德格尔作过如下界定,"把'实体'的存在特征描画出来就是:无所需求。完全不需要其他存在者而存在的东西就在本真的意义上满足了实体观念。"② 道德教育的个体化与传统集体主义向度分别从"个体""集体"这一自足的、唯一的终极实在出发,探讨道德教育的运行原则与策略,凸显其对道德教育的同一性与控制性,符合实体思维的典型特征。换言之,"一"与"绝对"是贯穿于道德教育个体化、传统集体主义向度的逻辑中心点,二者不需要其他存在者的证明、关照与助力而"自行存在",由此导致的必然结果是道德关系的缺场,是二者对应然层面的道德教育所呼吁的"关系理性"无法作出强有力的诠释。在道德生活中,我们是选择做精致的利己主义者,还是选择做舍己为人的道德英雄,抑或兼而有之。道德教育的个体化、传统集体主义向度与共同体化给出了不同的答案。道德教育的个体化强调绝对的自我观,以"德性""修身"之名掩盖个体与他人的孤立乃至对抗之实。道德教育的传统集体主义向度强调绝对的集体观,以"共同体的道德"之名行权力主体或意志主体的利益剥夺之实,是一种彻底意义上的同一化与总体化。而道德教育的共同体化尤为关注关系理性的

---

① 贺来:《论马克思哲学与形而上学的深层关系——"形而上学的终结"与"形而上维度的拯救"》,《哲学研究》,2009 年第 10 期,第 3 页。

② [德]马丁·海德格尔:《存在与时间》,陈嘉映等译,北京:生活·读书·新知三联书店,2006年版,第 108 页。

生发与建构，而非撇开关系的实体思维，它并不主张把道德个体与道德共同体割裂开来，既不主张把他者还原为我，也不主张把我还原为他者，而是既尊重受教育者以个体幸福为核心的道德选择，又注重培育受教育者的公共精神与社会责任感，是对个体化与传统集体主义向度的批判与超越，具有非凡的道德教育意义，是当代道德教育的一种新向度、新思路。

道德教育共同体化的现实之难 5

　　道德教育的共同体化作为道德教育新的发展取向,在运行过程中,并非一帆风顺,而是存在一些现实性问题与难题。厘清问题的本质,积极寻找问题的出路,对于我们更好地推进道德教育共同体化的研究、积极有效地构建道德共同体具有重要意义。

　　对道德教育共同体化的内涵缺乏实质性认识,将道德教育的共同体化等同于对传统道德共同体的眷恋与复归,这是现实难题之一。理性代替传统招致了价值迷失、情感淡化等问题,激发了人们对传统道德共同体的"怀乡"之情。然而,传统道德共同体在当代的作用相对有限,将道德教育的共同体化完全等同于对传统道德共同体的照抄照搬,既不符合时代的发展需要,也不符合道德教育本身的发展规律。由此,对道德教育未来走向的不同理解使得共同体化成为一个并非自明的发展取向,它需要我们去澄清、去论证。

　　共同体形态与共同体意识存在差距,这是现实难题之二。共同体形态只是作为道德共同体确立的一个前提性条件而存在。与之相对比,共同体意识使得真正的道德共同体有了可能。道德教育共同体化的重要功能与使命是提升人们的共同体意识,促进道德个体间的关系性的善的确立。当前,共同体形态的增多与共同体意识的薄弱作为一种矛盾现象,是道德教育的共同体化在发展过程中需要着重注意的。

　　道德教育共同体化的实践性与创新性不足,这是现实难题之三。在应然状态下,道德教育的共同体化作为超越于传统集体主义向度与个体化的新的发展取向,有着独特的创新性,肩负着重要的时代使命,发挥着对道德个体的范导性功能。然而,在现实的运作过程中,道德教育的共同体化依然存在对社会转型期的道德特点以及表现形式把握不足、对如何创新性地勾勒道德教育新的发展蓝图认知不到位等问题。如何更好地贴近时代性、凸显实践性、增强创新性是道德教育的共同体化未来发展的重要着力点。

5.1 将道德教育的共同体化等同于对传统道德共同体的复归

现代性道德问题何以得到解决?是选择直面问题寻求解决路径,还是选择回避问题逃离到传统的"舒适圈"中,将传统的道德共同体"复制""照搬"过来,这是困扰道德教育的一大难题。厘清该问题将会实质性地推进对道德教育的理论与实践研究。事实上,道德教育的共同体化不同于对传统道德共同体的眷恋与复归。它如果仅仅停留在对传统道德共同体的眷恋阶段而不具有对断裂的伦理生活的缝合功能,那么,它便失去道德个体的认同。在重塑道德共同体的过程中,它应重视与传统共同体的本质区别,在现有的道德境遇中、在对个体道德面貌的总体考量中寻找适合于共同生活的新的道德谋划。

5.1.1 公共空间与公共生活:新时代道德教育的存在方式

伴随着全球化的不断发展与社会交往的日益频繁,公共领域成为现代社会的突出性结构特征,公共空间的扩张成为新时代道德教育在公共生活中出场的关键。公共空间并非既定的场所,它关涉行动主体在不同时间、条件、思想境况下的动态结合。居住空间、休闲娱乐空间、文化空间、网络空间等多种空间样态的呈现丰富了公共空间的内涵与外延,引发人的存在场域由单一向多元、存在方式由个体性向公共性的变革。人以多空间为安身立命之所,成为多空间的融合体。由此带来的必然结果是,以人为核心的道德教育从专门化、熟人化的局部活动扩展为综合化的全域性活动。物理空间与网络空间的交融、线上与线下的互构扩展了新时代德育的活动场域。与传统德育结构、功能单一的情形有异,现代德育在公共空间与公共交往中逐渐显现出共享、共融与共识的特性,极大地冲击着传统德育的单向模式,交流、对话、平等、尊重成为德育常态。"在交往实践条件发生极大变化的现代社会,公共空间为思想政治教育超越传统教育结构、提升人的思想政治素质和应对社会服务供给不足的挑战创造了条件。"①公共空间不仅意味着实体性教育场所的增设,为人们预备参与公共实践的生活场景,更意味着空间意向对人们公共精神的化育,担负着重要的教化功能,构成道德教育发挥公共育人功能的载体。在公共空间尤其是网络公共空间不断延展的情况下,传统德育灌输式、封闭式的教育环境已经发生了质的改变。在公共生活日益广泛的今天,作为立德树人关键环节的德育,不能排除于公共领域之外,它的存在不再局限于对"独善其身"式私德的涵养,而更多地出于对"相善其群"式公共性品质的形塑与对受教育者的公共启蒙。道德教育必须经由公共空间,在各个环节与要素上丰富受教育者的公共生活实践,促进公共精神的形成与完善。

当然,公共空间与道德教育存在一个双向互动的过程。积极意义上的公共空间为道德教育提供新的时代场域,改变道德教育的运行方式,赋予每个人"表现即实在"的机会,预设公共生活的包容性存在,向人们有意识地映射善与正义的价值导向,具有以"场所感"为核心的价值维系力量。然而,不容忽视的是,在现代化、城市化过程中,公共空间也容易使人被分解为碎片化的多元存在,履行散乱的多重角色,进而与互助和谐的公共空间意识存在差距。公共空间在缺乏共同体精神的状况下呈现出极大的脆弱性与分散性。

以现代性为基本参照,城市空间布局的碎片化与原子化、城市生活方式的"资本化"、城市推崇的快节奏高效率理念打破了传统的生活格局,改变了人们的日常生活样态,拆解了坚固的伦理连接,加剧了熟人社会向陌生人社会的转型。当前,一个非常明显的社会现象是,与物质的丰富程度相比,现代人常常面临着"无家可归"的精神遭遇,呈现出一种以焦虑、迷茫、困顿等为核心表征的"精神匮乏"状态,这种"精神匮乏"在某种程度上容易导致公共道德的淡化与公共性品质的衰落。在我国社会转型期,在不确定性的道德情境面前,公民道德领域产生了诸如诚信缺失、道德冷漠、公德失范、耻感淡薄等一系列突出问题。冷漠的旁观者以"幸灾乐祸"的看客心态割裂与弱势群体的意义关联,阻碍以同情为基础的道德感的内在延展。陌生个体之间把对契约关系的利益考

---

① 陈念,金林南:《思想政治教育在公共空间中的出场思考》,《思想理论教育》,2020 年第 02 期,第 3 页。

量置于情感道德考量之前,稀释了道德心理契约内蕴的真诚友爱精神。不同公民对道德标准的相悖性理解、肢解式行为使本应具有内在一致性的道德共同体在不确定的道德风险面前脆弱性频现、劣根性强化。与之相伴生的是,人从"是其所是"的状态降格为"偶然所是"的状态,为道德离散、信念动摇现象打开了方便之门。《新时代公民道德建设实施纲要》中指出:"在国际国内形势深刻变化、我国经济社会深刻变革的大背景下,由于市场经济规则、政策法规、社会治理还不够健全,受不良思想文化侵蚀和网络有害信息影响,道德领域依然存在不少问题。"[1] "突破公序良俗底线、妨害人民幸福生活、伤害国家尊严和民族感情的事件时有发生。"[2] 个体与共同体的和谐统一关系遭到不同程度的破坏。道德教育与道德治理迫在眉睫。

马克思以自由人的联合体为核心的公共性逻辑为美好的公共生活提供价值承诺,认为公共人的理想生成至少包涵三方面的要义,即"追求丰富的公共生活、走向全面的人的发展、体现自由的发展个性"[3]。缺少任何一点,公共人的价值品质都容易遭到压缩。这一观念对新时代公共人的生成依然具有极为重要的现实解释力。"马克思的公共性思想始终立足于人类共同体的发展之中,认为人类公共性必然经历消极公共性、虚幻公共性,并最终实现真实公共性。"[4] 当前,消极公共性与虚幻公共性视域下的消极公民倾向于在普遍化的公共空间中谋求自我利益,丧失对他者的关怀意识与对公共事务的责任意识,在与他者的交往中变得越来越狭隘化、个体化。因此,公共人的生成是新时代公民道德建设取得优质发展的关键。新时代,美好生活的实现需要每一个人答好道德考卷,共同追求真善美的统一。如何有效地利用公共空间,铸就公共生活中的公共价值信念,将人从消极公共性中解放出来,实现由消极公民向积极公民的创造性转化,是新时代道德教育证成公共性这一存在方式的重要举措。具体而言,在育人实践中,道德教育作为提升人的公共素养的实质性活动,需要建

---

[1] 《新时代公民道德建设实施纲要》,北京:人民出版社,2019 年版,第 2 页。

[2] 《新时代公民道德建设实施纲要》,北京:人民出版社,2019 年版,第 3 页。

[3] 莫春菊:《马克思公共性思想的立场、主旨和本质特征》,《社会主义研究》,2019 年第 02 期,第 33 页。

[4] 莫春菊:《马克思公共性思想的立场、主旨和本质特征》,《社会主义研究》,2019 年第 02 期,第 33 页。

构应对公共人衰落、提升公共性品质或共同体精神的发展系统,为公共空间治理与公共道德建设提供一种强有力的价值导向。

之所以将共同体精神的塑造置于公共空间治理的核心,是因为公共生活不等同于集聚性的公众生活,复杂多样的空间形态常常给人一种假象,即有了多种可选择的空间形态,公共空间的价值便可以得到全方位发掘。这样的公共空间看起来是人们进行自由、充分沟通的场所,但绝对不是共同体化的联合体。共同体精神的塑造离不开道德教育这一重要的实践方式。道德教育以共同体化的姿态介入公共空间,以发挥对公共空间治理与公共道德建设的价值引领作用,使其由分散的、碎片化的状态提升为和谐的、统一的状态,是一项重要的且不断进行的时代课题。道德教育共同体化的内生基础与力量来自公民的彼此关切与互助交往,是道德教育回应现代共同体精神缺失、推动以熟人信任为纽带的传统德育现代转型的一种建构理路,以契合现代社会样式的方案助力公民的德性养成,承载着推进道德教育创造性发展的革新势能。它以人与人间的伦理关联为前提,旨在为陌生人社会背景下的道德个体提供跨越"原子化"障碍与丛林法则的价值导向与实践导向,传达公共性的价值信号,创造性地建立依托于伦理契约与伦理认同的内在型伦理关系,夯实公民道德建设的教育基础。道德教育的共同体化规范的是公共生活中的成员以及公共空间中展现的道德行为,以使其能够恰当地处理与他者、与社会、与国家的关系。通过培育平等、合作、宽容、友善的公共性道德品质,道德教育的共同体化在新的时代背景下指引不同的道德主体互相友爱、团结合作、和睦友好、为创造美好的公共生活而不懈奋斗。总的来说,以共同体化的原则建构道德教育与道德治理体系,是优化公共空间、完善公共生活的必然要求。换言之,道德教育的共同体化转向,正是在公共生活作用下,融入公共空间、进入社会生活各领域、培育公共性品质、推进个体人向公共人转化的积极尝试。

5.1.2 传统道德共同体在现代公共空间的不可行性

在现代性的社会境遇中,人们无力在由陌生人组成的临时的道德空间中要求每个个体对共同体的有效维护,更无力在道德整合的基础上形成一种传统的伦理规约,人们转而思念生活了多年的熟悉的故土、思念邻里和谐、亲如一家的熟人社会,思念被"共同体"包围的感觉。事实上,丧失之物越不可见、越不可得,人们对它的欲望会越深。传统的道德共同体作为一种"丧失之物",愈发引起人们对它的无限欲望。"回望共同体,现代人总会对逝去的道德共同体存有一份或浓或淡的眷恋与乡愁。"① 这种乡愁主要围绕对传统的赞扬与对当下的批判而展开。此外,现代性的发展孕育着种种脆弱性、不确定性与风险性。佩罗在《下一次灾难》中主要强调了"脆弱性"的一种特定情形,即风险的高度集中。公民难以全力应对不确定性的冲击与挑战,陷入一种恶性循环的心理结构"道德焦虑—怀念确定性—逃避不确定性、风险性—新一轮的道德焦虑"。对未来的不确定性的悲观反应促使人们向传统的道德共同体寻找安慰与寄托。"我们越是自主就越是要担当不确定性和不安宁,也就越需要连结。"② 传统的道德共同体使人与人在连结中生发战胜不确定性的力量。如此种种,都使得人们自然而然地把新时代道德教育的共同体化等同于对传统道德共同体的眷恋与复归。人们对传统共同体时代的眷恋作为一种逃离式的选择,体现了对返回的急切渴望,本质上是"怀乡病"。虽然现代性危机的不断蔓延与道德教育的个体化困境加深了"乡愁"在人们心中的比重,但道德发展境遇的"前进性与曲折性"的统一决定了道德面貌必定不能退回到传统的共同体时代。事实上,随着时代的变迁,传统道德共同体的基本色调正逐步淡去并获得新的可能形态。真正有效的道德共同体力量并不渴望返回,而是渴望在实践中得到新一轮的磨炼、重塑与提升。社会发展呼唤新的公民道德,这是"大断裂"时代的应然性伦理要求,也是对现代性道德问题的有力回应。由此,我们"不要夸大乡愁在当代世界中的分量"③,也不应把道德教育的共同体化为实现伦理连接所作出的尝试等同于对传统道德共同体的简单复归。值得注意的是,任何把回归到传统作为道德教育致思路径的共同体主义者都自觉或不自觉地陷入了"坦塔罗斯式的命运"中。当然,在这里,我们不是要全盘否定传统的道德共同体,而是在新的时代基础上实现对传统道德共同体的进一步超越。毋庸置疑,传统的道德共同体架构为伦理连接的恢复提供必不可少的理论与实践借鉴。对传统道德

---

① 龚浩宇,龚长宇:《道德共同体的现代建构——基于滕尼斯〈共同体与社会〉的阐释》,《道德与文明》,2017 年第 06 期,第 136 页。

② 李建华:《伦理连接:"大断裂"时代的伦理学主题》,《浙江社会科学》,2019 年第 07 期,第102 页。

③ [美]罗兰·罗伯森:《全球化:社会理论和全球文化》,梁光严译,上海:上海人民出版社,2000 年版,第 232 页。

共同体"互帮互助、和谐友爱"的美好记忆与独特乡愁将是道德教育共同体化展开的基础与推动力。

正如我们在各种版本中都能发现的那样,共同体主义者在描述共同体成员的关系时,最惯常使用的一个比喻就是"同胞"。[①]传统道德共同体相对封闭,依托于熟人社会的交往圈子与强有力的道德舆论场,这构成了传统熟人社会的特殊情景与公民美德生长的有效模式。传统道德共同体以血缘、熟人为纽带的交往模式形塑传统社会的道德生活方式,它所基于的文化土壤是极具共同性与构成性的原初共同体。现代社会的一个基本事实是,公共空间在人们之间形成了更为开放包容的公共关系,更多地依托于陌生人社会的交往圈子。现代社会充斥着各种各样的陌生他者,共同体精神的生发往往源于独立个体间的持续互动、充分信任与深度融合。在交往理性指引下悬置矛盾、分歧与冲突,为达成道德共识而努力,是每一个共同体成员的使命与责任。一旦个体间的信任纽带被利益切割,公共性的价值则面临被肢解的风险。在充满复杂性、公共性、虚拟性的现代社会,传统道德共同体容易遭遇合理性危机,无法直接呈现于现代社会的公共空间中,造成其与公共生活的疏离化。或者说,传统道德共同体的精神气质与新时代公民道德建设所呼吁的共同体精神存在张力。沿用传统道德共同体来阐释现代社会的公共道德问题难免会面临解释力匮乏的问题。马克思说:"全部社会生活在本质上是实践的。"[②]以现实的人为立足点,从社会道德发展的事实中透视人们的道德面貌,是当前道德教育把握社会现实的重要特征。以实践为本原性活动方式,新时代道德教育就实践过程中的公民道德问题建构针对性的教育体系,引导人们在现实化的公共参与中形成共建、共治、共享的道德格局,这是回应时代道德问题、加强新时代公民道德建设的必然遵循。

道德教育的共同体化作为构建新型道德共同体的重要环节,建基于一种"关系思维"或者说"连接性思维",是化解现代性道德困境的润滑剂。它首先是对传统共同体的否定之否定,继而是对道德秩序的新时代重建。推进道德教育共同体化的完善与发展是一个系统性与复杂性工程,需要对相关的前提性问题进行理论与实践反思,否则会偏离道德教育的本质。例如,将道德教育的共

---

① 李义天:《共同体与公民美德》,《天津行政学院学报》,2009 年第 11 期,第 22 页。

②《马克思恩格斯文集》(第 1 卷),北京:人民出版社,2009 年版,第 501 页。

同体化等同于对传统共同体的眷恋与复归,既是对道德教育发展取向的误判,又是对伦理关系的误判。具体来说,一方面,不利于对道德教育发展取向的正确把握。道德教育应朝着何种方向发展?这是关涉道德教育发展与人的发展双重维度的首要问题。表面上看,共同体化与传统的道德共同体有着不约而同之妙,但共同体化是在个体化危机的基础上应运而生的,创造性地提出了道德教育的未来发展方向,如若一味遵循传统道德共同体的发展逻辑,则会陷入"唯传统论"的错误思潮,无法深入当下个体化危机的根源进行实际探究,进而无法针对性地解决道德教育的个体化困境。另一方面,不利于对陌生人社会伦理关系的有机构建。现代社会的公共领域如若采取传统道德共同体的交往形态,便容易忽视陌生人之间天然存在的疏远与利益博弈。

总体来看,道德教育如若采取向传统道德共同体回归的"前思"方案,便会忽视人的现实境况。据此,我们可以得出一个结论,即将传统的道德共同体置于当前道德教育发展的核心,是一种忽视社会发展现实的"道德想象",在此基础上,道德教育的共同体化容易发生异化,人与人的伦理关系容易发生偏离。因此,把公共生活恢复为传统的共同体,是共同体主义者不切实际的幻想,必须超越对传统的道德共同体范式进行简单模仿的狭隘视野,进入对互助型道德关系的积极谋划,在应对个体化道德问题的过程中实现对道德共同体的现代构建。

5.2 共同体形态与共同体意识存在差距

在某些情况下,道德共同体形态与道德共同体意识可能出现逆相关的发展态势。近年来,与轰轰烈烈的"共同体热"的德育生态形成鲜明对比,广泛参与共同体活动的部分受教育者在共同体意识方面出现了不同程度的淡化,部分道德个体信任他者、帮助他者、理解他者的程度有所下降。道德教育陷入"为共同体而共同体"的新的困境。

5.2.1 道德教育出现"共同体热"的新生态

近年来,在道德教育场域,价值观念出现转型,构筑在"自我主义"前提上的道德秩序出现紊乱,人与人的道德关系发生了本质性变化,相互之间的联系变得不那么持久和紧密,个体之间不再寻求相互支持。这可能是道德教育个体化的最大症结所在。多元主义的混乱、友爱关系的损毁、信任的流失与精神纽带的断裂意味着道德教育亟须实现由关注个体伦理到关注共同体伦理的转型。面对个体化的道德困境,道德教育者与受教育者有鼓励各种社会力量团结起来的潜力,有根据情势来调整道德教育发展方向的能力与动力。与之相伴随的是,"共同体"作为一种重要的现实选择,正在以一种全新的方式顺势出场,它集结被破坏、被肢解、被忽视的"社会资本",旨在给人以归属感,培养人们的组织能力、参与意识、分享意识、团结合作精神以及责任担当意识,增强我与他者进行道德交往的密度与黏性,强化彼此间的精神纽带,以应对个体难以解决的问题与难题,开启道德教育的新向度。久而久之,在道德教育场域,人们普遍都认同共同体的强大性统合力量,共同体俨然成为一个受道德教育者与受教育者欢迎的热门词汇。师生共同体、生生共建的学习共同体、班级共同体、教研共同体、知识共同体、生活共同体等德育形式在德育场域喷涌而出,为道德教育的"立德树人"使命增砖添瓦,营造了道德教育场域生机勃勃的新场面。共同体作为一种根本的内驱力,内嵌着团结互助、共融共通的道德原则,将共同体成员有机地组织在一起,保障共同体成员共享德育资源,并由此成为道德教育活动的首要考量因素。换言之,道德教育无不围绕"共同体"的形式开展各种各样的道德活动与道德考量,进而出现"共同体热"的新生态。

对"共同体热"的德育生态进行归纳总结,我们可以看出,"知识共同体""价值共同体"与"实践共同体"是三种典型代表。其中,知识共同体处于"共同体形态"的发端阶段,是价值共同体与实践共同体确立的先决条件。知识共同体是指在承认"道德可教论"的基础上,道德教育者与受教育者对于道德知识的共同学习、共同坚守、共同传承与共同践履。只有在对道德知识的认可基础上,道德主体才能开启自觉的道德实践。价值共同体处于"共同体"形态的终端阶段,是指道德教育者与受教育者在道德生活中对"真、善、美"的共同价值目标的承认、理解与认同,是道德教育所促成的道德主体间互助友爱的道德关系。它不仅是一种关涉伦理价值的无形的共同体,也是一种有形的共同体,帮助道德主体完成特定的德育目标。实践共同体处于"共同体"形态发端与终端间的连接阶段,是指道德教育辐射范围内的相关人员为实现立德树人目标所采取的协同实践与共同努力。"中国高校德育共同体是集体行动生成的过程,是多元主体协同育人的结果,师生通过集体实践获得德育意义和主体身份双重建构。"① 总体上来说,道德教育的共同体化以知识共同体、价值共同体与实践共同体的合力为基础。离开其中任何一个共同体的依托,和谐友爱的道德关系都无法真正确立,道德教育的共同体化都容易失去平衡、变得愈加无序。

从根本意义上来说,道德教育场域之所以出现"共同体热""共同体育人"的新生态,主要是因为道德教育者与受教育者对共同体伦理的推崇以及对"自我主义"的自觉摒弃。道德教育向度由个体化向共同体化的演进,背后有一个强有力的逻辑,即它建立在共同体伦理的基础之上。更进一步说,共同体形态的有机介入、共同体功能的有效发挥、以责任与互助为核心表征的共同体伦理的有序彰显是道德教育克服个体化困境、实现优质发展的重要条件。道德教育生态的良好运作依赖于共同体资源的不断丰富或者说依赖于道德主体黏合度的有效提升。在道德教育个体化困境的危机时刻,人们似乎抓住了"共同体"这一棵救命稻草。好似在复杂多样的共同体家园中,在"全方面育人""全员育人""全过程育人"的共同体"口号"指引下,道德教育的一切问题、难题都可以迎刃而解,被瓦解的传统的互助关系也可以获得新一轮的重生。但是,有必要明确指出的是,就算共同体形态的确立具有关键意义,但它们仍不足以确保道德教育朝着正确的方向发展。过度的共同体热虽然带来了一定的发展优势,但也容易引发一定的争议,歪曲"道德共同体"的本真内涵,遇到现实的发展瓶颈,导致新的德育困境。

具体来说,"共同体热"带来的德育困境主要体现为以下几点:首先,未能把共同体的"信任、互助与友爱"半径扩展到所属共同体之外,这是对共同体伦理的误解之一。共同体伦理从根本意义上说是对博爱共同体的预设与思考,它的先决条件是将共同体视为超越狭隘性、局部性的博爱共同体。真正的道德共同体应超越地域、民族、性别等要素的限度。而与之相对的偏狭的共同体只关注所属共同体的"微观叙事"与"局部利益",忽视甚至蔑视其他共同体的发展前景,在很大程度上限制对其他共同体的开放与包容。各共同体之间存在严重的壁垒。这不仅无助于互助型道德关系的构建,反而造成各共同体之间的互相猜忌、排斥、不信任与不理解。在这些自我封闭的"共同体"内部,道德主体

---

① 任少波,楼艳:《论高校德育共同体的三重意蕴》,《高等教育研究》,2018 年第 08 期,第 89 页。

无法感受到与他者道德相依、荣辱与共的关联性命运。其次，"搭便车现象"是"共同体热"的德育生态中的又一问题。曼瑟尔·奥尔森在《集体行动的逻辑》一书中指出，搭便车现象会随着群体规模的增长而变得愈发严重。"共同体热"的思潮在鼓吹道德共同体力量、塑造共同体规范的同时，产生了"滥竽充数"的道德个体，吞没了个体的道德理性。"共同体热"的德育生态盲目推崇道德共同体的力量，将自我完全交给共同体，忽视个体的意见、表达与责任，在一定程度上会重新陷入绝对集体主义的道德泥淖，给道德个体带来新的压迫感。由此看来，井然有序的道德秩序的背后也有可能隐藏着个体理性迷失的精神危机。最后，为了跟随"共同体热"的潮流，道德教育陷入"为共同体而共同体"的新的困境。毋庸置疑，将全部德育行为都化约为对"共同体形式"的外在追求，是对共同体化的严重误读。例如，为应对紧急危机、完成特定命令、组织特定活动而临时成立的"学习共同体"等具有极强的偶然性与随意性，一旦完成特定的任务，满足利益相关者的眼前利益，便会自然解体。这样的共同体不具有持久性与可持续性，不过是虚有其名罢了。并不是说一群碰巧发生彼此关联的人就能形成随意组织共同体，一个真正的道德共同体是道德主体借由共享的价值观、规范而彼此团结起来的。[①] 此外，一味强调知识共同体与实践共同体而忽视价值共同体，容易以偏概全、偏离共同体的本质和内涵。

5.2.2　受教育者的共同体意识薄弱

共同体意识可以被简单定义为道德主体发自内心地对道德价值与道德规范的认同以及道德主体间的真诚合作。它就像润滑剂一样，能够帮助道德秩序运转更加有效，它在凝聚道德共识、强化道德感召力、巩固道德关系方面的重要性在个体离散的时候表现得尤为明显。道德教育的共同体化的核心要义在于主张道德个体间不仅要有共同的利益与情感，更重要的是要有共享的价值观，即作为价值和满足的源泉的团结。而这种共享的价值观恰恰是共同体意识形成的关键或者说共同体意识的重要来源。能够促成共同体意识的道德前提必然是道德主体在价值理性指引下对"真、善、美"的共同追求。在道德教育的共同体化中，共同体意识居于高位，单一的共同利益与情感难以催生共同体意识。

---

① 参见［美］弗朗西斯·福山：《大断裂：人类本性与社会秩序的重建》，唐磊译，桂林：广西师范大学出版社，2015 年版，第 19 页。

如同共同体形态一样,共同体意识也是道德教育的共同体化关注的重点。共同体意识同道德教育的共同体化有着密切的联系。然而,在某些情况下,道德共同体形态与道德共同体意识可能出现逆相关的发展态势。近年来,与轰轰烈烈的"共同体热"的德育生态形成鲜明对比,广泛参与共同体活动的受教育者在共同体意识方面出现了不同程度的淡化,部分道德个体信任他者、帮助他者、理解他者的程度在下降。那么,在共同体形态运转良好的同时,怎么会出现共同体意识淡化的现象呢?追根溯源,我们可以发现,道德生活中利益的充斥、对共同体形式的过度追逐无不是当前共同体意识淡薄的主要原因。宋希仁指出:"人们在何种范围内共同生活,就在何种范围内存在友爱,也就在何种范围内存在正义的问题。"① 由此可见,共同生活的"友爱程度"与"正义程度"决定了共同体意识的彰显程度。非正义、缺失友爱的共同生活最终会导致共同体意识的丧失以及道德教育共同体化的错置。对共同体意识的期待应该而且必然要回到对美好的共同生活、团结友爱的道德关系的现实诉求中去。

受教育者共同体意识的薄弱主要体现为以下几点:首先,受教育者表面上积极参加教育者组织的纷繁复杂的种种共同体活动,企图从共同体中寻找慰藉、支持与帮助,实质上却作为精致的利己主义者而存在,在共同体中通过与他者攀比、较量进而证明自身的力量,满足自我的利益,共同体成员间的信任度与连接感呈现出不升反降的趋势。道德个体虽然主张以与他者的互动为核心的社会连接与伦理连接,却赞同完全为自己、凭借一己之愿而选择的连接。道德共同体的权威性在下降,其所营造的信任半径也在缩小,道德变得越来越"微型化",道德成员间的竞争越来越多。事实上,这种以自我意愿为中心的可选择的亲和性难以达到与他者建立深久的道德关系的理想效果,无法形成真正意义上的共同体意识。其次,知行不一现象尤为明显。共同体意识不仅体现为道德个体发自内心地对道德共同体的热爱与推崇,还体现为具体地为了共同的美好生活而做出的实际行动。知行不一的道德现象表明了,受教育者对社会主义核心价值观的理解与把握仅停留在浅层的认知层面,而忽视了对这一价值原则的实际践行,无法达成道德共识。虽然受教育者的道德实践是道德认知在道德生活中的具体投射,道德认知反作用于道德实践活动。然而,再完美的道德认知

---

① 宋希仁:《西方伦理思想史》,北京:中国人民大学出版社,2016 年版,第 72 页。

如若停留于对"道德共识"的知识性理解而忽视现实的道德践行,都无济于事。最后,利益共同体的泛滥直接或间接地引发共同体成员的情感离散现象。现代性发展带来的一个不良后果是,温暖的复合型共同体越来越以冷冰冰的单一的利益共同体的形式呈现。共同体成员与他者达成一致意见的根本原因在于利益的相关性。一旦这种利益连接被切断,脆弱的情感连接与信任连接则会骤然消失。在单一的利益共同体中,人们虽然名义上进行各种各样的交往,但却从未做出相互连接的道德承诺。毋庸置疑,这种形聚神散的共同体无不彰显着共同体意识的淡化。"成员间是一种普遍的、强有力的、深程度的联系,是不经过精密计算的共享、贡献和互助。"① 利益共同体将利益视为彼此进行合作的关键点,无法拥有相对持久稳定的受信任度,削弱了成员间强有力的伦理连接,它造成了一种新的奴役。

　　受教育者共同体意识的薄弱反过来阻碍道德教育共同体化的持续发展,给道德教育带来具有破坏力的结果,引发一系列连锁反应。其一,最直接的影响是,使得道德教育的共同体化流于表面,停于形式,无法推进对个体化道德困境的超越。前面我们提到,道德教育的共同体化对个体化的根本超越在于共同体意识的确立。一旦真正的共同体意识被"涂层",被"遮蔽",被"剥离",这种超越则缺少足够的"喷发性"力量。道德教育的未来走向则显得愈发迷茫。其二,众所周知,共同体意识的强弱是测量道德秩序和谐与否的重要指标。然而,共同体意识的薄弱、道德个体对多元主义的推崇是对社会资本存量的挑战,是道德失序的前兆。其三,最根本也是最难以忽视的影响是,使得大断裂时代伦理连接的可能愈发艰难。共同体意识是弥补个体间道德裂痕的黏合剂,是证明我与他者本质性关联的关键性力量,它作为一种认同归属感,是共同体伦理的源泉,不仅有利于巩固道德主体间的道德关系,对道德个体的成长也不无助益。共同体意识的薄弱使得有待缝合的道德裂痕越开越大。与此同时,我与他者的伦理连接作为一种理想,也逐渐失去落地生根、获得现实规定性的可能。综括而言,事实表明,共同体意识与共同体热的德育生态并不存在必然的联系。尽管共同体意识在淡化,但有大量资料表明,种类繁多的共同体组织及其成员数

---

① Taylor, Michael. Community, Anarchy and Liberty, Cambridge:Cambridge University Press,1982.

量实际上在增加。面对共同体意识淡薄或缺失的现状，"共同体热"的德育生态无法弥补，它开始将引以为豪的"共同体意识"引向多种多样的共同体形式，共同体形态与共同体意识出现大断裂，这就向人们提出了道德教育的关键性难题，而这恰恰是道德教育非常容易忽视的"二律背反"问题。这证明了一个结论，即共同体形态只是道德主体实现伦理连接的有效载体，道德秩序的重建不能仅仅依靠"共同体热"的德育生态附带的大规模道德活动，也需要依靠共同体意识的养成与践履。理想的情况是，推进道德教育共同体化发展的最佳形式不是轰轰烈烈的共同体活动，而应该是这样一种共同体意识，它首先让德育视野下的个体认识到共同生活之于个体发展的意义，继而引导个体树立求同存异的包容思想、强化对他者的道德关切与理解、树立共同善的价值理念。也正是在这个层面上，"共同体热"的德育生态才能充满凝聚力与向心力，变得愈加和谐友爱，才能推进道德个体与道德共同体的优质有序发展，实现共同体形态与共同体意识发展的双向结合。

5.3 道德教育共同体化的实践障碍

5.3.1 道德教育共同体化的实践性不强

实践的观点是马克思主义哲学首要的和基本的观点。马克思指出："人的思维是否具有客观的真理性，这不是一个理论的问题，而是一个实践的问题。人应该在实践中证明自己思维的真理性，即自己思维的现实性和力量，自己思维的此岸性。"[1] 离开实践，人容易陷入思维理想国的虚构幻想中，无法确证自身的本质力量。"人们的存在就是他们的现实生活过程。"[2] 作为一项立德树人的系统工程，德育的本质是实践的，"德育实践活动及学生在活动中形成的道德实践能力是学生品德评价的根本标准。"[3] 更进一步说，德育是一种以培养以公共价值为理想追求的"公共人"为目标的公共性实践。德育不仅要动之以情、晓之以理，更要导之以行。道德教育的共同体化在行动者对公共事务的积极参与中获得落地式发展。道德教育的共同体化不仅是一个"价值性""规范性"

---

① 《马克思恩格斯文集》（第 1 卷），北京：人民出版社，2009 年版，第 500 页。

② 《马克思恩格斯文集》（第 1 卷），北京：人民出版社，2009 年版，第 525 页。

③ 詹万生：《整体建构学校德育体系研究报告》，《教育研究》，2001 年第 10 期，第 10 页。

的概念描述,更是消解人的原子化存在与关系性存在的矛盾的"实践性"运用。不只是理论地分析道德教育的个体化困境,更肩负着"实践"地改变现实的重任,呼吁实实在在的共同体精神。我们反对对道德教育共同体化的形而上讨论。

作为一种社会实践活动,道德教育的实践参与应以当代中国的客观存在为其现实基点。在新时代,思想政治教育肩负着培养能够担当民族复兴大任的时代新人的新使命。新时代明确了思想政治教育的新使命、新内涵与新任务,这一新的时代使命要求思想政治教育革新工作方式与工作内容,以更好地满足社会与人的发展需要,实现与时代发展的同向同行。道德教育作为思想政治教育的重要组成部分,更应坚守这一时代定位与时代特色,致力于对时代问题的确切把握与合理解决,用时代要求审视发展内核,对照发展不足,弥补发展差距。当代中国社会正处于现代性与后现代性的双重结构中,面临着"伦理断裂"而非单纯的道德失序的时代隐忧,这种断裂涉及面非常广,以伦理结构的不稳定性与道德主体间的互损性为主要表现形式。道德个体的思想与行为在复杂的道德情境中也呈现出不同的甚至是多元交织的样态。在对时代问题认识不到位的情况下,道德教育往往一味否认个体化视域下利己主义的弊端,或者强制性地构造和睦友好的道德理想国,缺失一种系统性与整体性思维,不能有效地根据社会转型的特点以及人们所处情境的不同来采取相应的适用于不同道德个体的连接方式。

道德教育共同体化的现实性力量不仅来自道德规范的内在合理性,而且来自行为主体对做合乎正义与善的事情的认知、决心与行动。规范理由的合理性与激发理由的认可度是道德教育共同体化实现理想与现实相统一的两个基本前提,二者缺一不可。激发理由是规范理由在现实道德实践中的具体投射。道德教育仅满足于为公共生活确立秩序规则,道德要求或者说道德规范作为一种外在的权威与概念图式,未能真正说服、激发道德主体作出"合乎共同体规范的"的道德行动,这对道德规范的可执行性构成严重的损害。道德教育如何引领受教育者自觉接受并认同道德规范,以向共同体化的状态迈进,克服"为义务而义务""只见规则不见人"的形式主义弊端,是一个需要思考的现实问题。

道德教育的共同体化在培育人的公共性道德品质时,也要兼顾为他者的责任伦理的现实可行性,实现对共同体精神的理性回归,否则容易导致重崇高轻底线的窄化现象,陷入乌托邦的发展图式。道德教育的共同体化提倡的公共性品质应是一个完整有层次的丰富体系，不完全指涉他者，也包括行为者本身。当前，大中小学道德教育对学生道德实践层次的把握不够清晰，如忽视学生道德发展的个体差异，对学生提出理想化、一体化、标准化的道德实践要求，一刀切现象较为明显。此外，大中小学道德教育对学生道德实践节奏的把握不够到位。道德教育将对共同体规范的理性追求置于同情这一基本的道德情感之前，忽视了道德实践由感性到理性、由具体到抽象的基本发展规律，违背了共同体化的现实生态。

在道德教育相关的课程教学中，教师组织学生以小组合作、情景模拟的形式展开对某一议题的讨论与对话。当然，这种思想碰撞式的德育课堂有利于培育学生的互助合作精神。但这种德育课程的设置往往以共同找寻议题答案为目标、以与其他小组的激烈竞争为重要手段，对道德教育共同体化内蕴的"交往实践"的把握失之偏颇。"交往实践本质上既有生成性，它不仅使教育者和受教育者相互'构造'，而且生成新的意义途径，从而使思想政治教育活动具有建构性。"[1] 同样，学生在课堂上积极回答教师的提问，并不是真正的交往实践参与。以契约原则、市场原则为导向的德育社会化过程撇开伦理实体的背景生态，而去追逐与实践本身之善相背离的利益交换。这种利益交换的后果是德育目的的失败，"学生从教师那里获得了有用的科学知识，教师则从学生那里获得了出售知识的报酬"。[2] 当然，道德教育除了在规定的课时中落实，更重要的是在日常生活中深入有效可持续的开展，家庭、学校与社会的资源整合与合力育人是保障道德教育共同体化有效落实的关键。道德教育总体呈现重视课堂实践与校园实践、轻视社会实践的面貌。走马观花式的社会实践停留在对物质载体、公共场所的直观感受，而没有对公共文化内蕴的共同体精神进行充分挖掘。大中小学应将实践教学作为德育新方式，在教学过程中，充分利用多维空间的全方位教育功能，使教育教学的发展贴近学生日常公共生活，引导学生形成开放包容、整全性发展的大格局。

---

① 罗洪铁，周琪：《文化环境：思想政治教育运行的新视界》，《马克思主义研究》，2007 年第 03 期，第 97 页。

② 参见陈富国：《论现代思想政治教育的公共性图景》，《思想理论教育》，2017 年第 07 期，第 61 页。

5.3.2 共同体化运作的创新性不足

道德教育需要与时俱进、因时而进、因势而新。从道德困境、人对德育未来发展的期待维度来审视道德教育，创新不仅是必要的，而且是可能的。之所以这么说，是因为创新是德育理念发展、德育内容提升、德育生态完善、德育进路转化的根本动力，是德育进一步深化改革的基本要求。创新性发展是衡量道德教育共同体化运作良好的重要标志。创新程度决定了道德教育的未来发展坐标与实际效果。反过来说，道德教育对当前道德困境的批判与对未来理想蓝图的构建驱动着创新。只有通过创新，道德教育才能革除个体化衍生的一系列发展困境，寻找适合于个体与社会自由全面发展的新的教育理念与教育方式。与此同时，创新作为首要性命题，是道德教育的共同体化超越于传统集体主义向度与个体化的重要标识。道德教育的共同体化不仅是道德教育发展历程中的一个站点，更是未来德育实现与人的双向互动的重要连接点。创新性的有效发挥是道德教育的共同体化逐渐向这一使命逼近的关键。

对道德教育共同体化运作的创新性进行系统研判与审视，我们就会发现，其与真正的创新存在差距。与学术界对其未来发展的殷切期盼相比，道德教育共同体化的创新性存在"创新的无序化"问题，如被动创新、表面创新、短暂性创新等。在具体的德育创新实践中，我们不难发现，对道德教育这一价值取向重要性的强调仍然停留在口头宣传中，而忽视了具体的道德践履，实然面貌与应然状态存在不小的差距。当然，德育理念的创新是德育创新系统的风向标，对道德教育由个体化向共同体化的创新性转向具有重大的激励作用。然而，相对应的德育实践却显得有些滞后，没有及时跟上德育理念创新的步伐。二者的脱节使得道德教育共同体化的创新性发展名存实亡。具体来说，道德教育共同体化的创新性不足可以体现为以下几点。认识到道德教育共同体化现实运作的创新性缺陷，对于我们更好地厘清道德教育共同体化的本质内核、实现道德共同体的伦理构建、倒逼道德教育理念与实践的深层次改革具有重要意义。

其一，道德教育共同体化的创新性缺乏持久性，呈现出"烟花"效应。共同体化推崇人与人之间的伦理连接，主张彼此间的和睦友好、互助合作，呼吁关系性的善。为实现这种伦理期待，道德教育的共同体化尤为重视"为他者的责任伦理"的持续构建，通过持久的创新来为道德教育开辟道路。然而，当道德关系与道德秩序出现某种意义上的好转，道德裂痕得到一定程度的修复时，道德教育是否就意味着已经完成向共同体化的彻底转化？是否无须对道德个体进行持续的再教育？毋庸置疑，答案当然是否定的。道德教育的共同体化一旦停止对德育模式、德育进路的创新性开掘，个人主义的道德教育导向又会重新萌生，道德个人主义开始回潮并逐渐占据主流，共同体化的德育结构由于缺乏稳定性故而变得愈发脆弱，以和谐互助为核心的良序状态也逐渐被肢解。"瞬间的狂热"虽然带来短暂的"希望"与"曙光"，激发现实化的具体成就，有利于缓解对立冲突的道德关系，却无法根治个体化视域下的道德困境，使得道德教育重新退回到个体化的价值取向中。异化式道德关系对互助式道德关系的最终压制使得道德教育共同体化的创新性如烟花般易逝、短暂。由此可知，道德教育的共同体化并非一朝一夕所能构建，只有不断地为实现道德个体间伦理连接的良善状态、构建道德个体间的重叠共识而持续努力，才能实现长足的创新与进步，才能证明其对传统集体主义向度与个体化的不断超越性。

其二，道德教育共同体化的创新性缺乏内生动力。道德教育肩负着立德树人的重要使命，以"培养什么人""怎样培养人""为谁培养人"为重要的目标导向与实践导向，换言之，人是道德教育的核心范畴，以人的解放与人的自由全面发展为鹄的，是理解道德教育内核与目的的合理视角。道德教育绝不是教育者的独角戏，教育者与受教育者在德育系统中也绝不是非此即彼、互相对立的两级，共同体化的创新性首先应在于充分激发受教育者的内生动力，这是道德教育发展的一般逻辑。然而，道德教育的共同体化一味停留于教育者对道德规范与道德共同体的外在塑造中，过于强调以教育者对受教育者的纯粹单向输送为核心的标准性与同质性，忽视和否定了受教育者对它的悦纳能力。"悦纳能力指德育客体积极主动愉快地接受、纳入和内化德育内容的能力。"①进一步分析，道德个体对道德关系的主观构建、对道德共同体的认同意识没有得到教育者的充分重视。由此可以看出，受众群体的道德心态，对他者、对社会的道德认知与道德援助是道德教育共同体化需要准确把握并挖掘的关键点。道德教育者只有将受教育者对互助式道德关系的责任担当放在德育视域中，联合受教育者的力量，才能形成道德教育的合力，增强道德教育的亲和力，为道德教育共同

---

① 骆郁廷，赵方：《新时代推己及人的德育价值》，《学校党建与思想教育》，2018 年第 17 期，第 19 页。

体化的创新性发展添砖加瓦,寻找恰当的着力点。

其三,道德教育共同体化的创新性缺乏深度,呈现出"换汤不换药"的德育假象。从严格意义上讲,创新是一种量变基础上的质变,是难以对其进行简单量化的因素。马克思在《〈黑格尔法哲学批判导言〉》中指出:"理论只要说服人,就能掌握群众;而理论只要彻底,就能说服人。"① 共同体化作为德育的价值取向,亦如此。只有具备彻底深刻的理论意蕴,才能说服受教育者,激发受教育者的内在认同感。然而,现实情况却往往不尽如人意。它停留于现实的共同体活动中,局限于以共同体数量的构建为中心的狭隘视野中,通过共同体活动的大量呈现来对创新性加以量化,由此导致的必然结果是,见物不见人、事实与价值的彼此分离以及创新的浅层性。具体来说,道德教育愈发注重道德共同体的外在"景观"而非实质内核,道德主体间的连接虽有"数量"上的增加但却没有"质量"上的紧密。道德主体出于合作目的彼此联合的能力大为削弱。活动创新与内核创新存在矛盾。道德教育发展的现状告诉我们,道德教育的内容是物质性与精神性的统一,立足于现实而又超越现实。过分沉迷于现实的"物质形式"而忽视共同体化的人本内涵,容易使道德教育陷入形式主义窠臼,共同体化的德育取向也因此变得脆弱。由此,我们必须扬弃道德教育共同体化创新的不彻底性,实现它的理性回归。只有将道德教育的共同体化放置于对主体间道德关系的创新性探索角度,我们才能明确它的要义所在,对它的考察与建构才能更为深入、更有意义,事实逻辑与价值逻辑在道德教育场域才能得以紧密统一。

---

① 《马克思恩格斯文集》(第 1 卷),北京:人民出版社,2009 年版,第 11 页。

6 道德教育的共同体化的建构理路

道德教育的共同体化如何建构？何以实现？这是关涉道德教育与人的未来发展取向的重要议题。面临道德教育共同体化的现实之难，我们所能做并且应当去做的是了解共同体化得以运行的必要的背景条件，厘清人之为人的关系性本质，坚持对关系性的善的追求，培养相互关怀、同情和信任之类的共同体情感，塑造好的共同体生活，实现共同体形态与共同体意识的自觉有效统一。

第一，在理念方面，道德教育的共同体化应坚持规范论与美德论的互济共治，承认底线伦理与高阶伦理的互补性，明确道德秩序与人性向善的互构性。第二，在主体方面，道德教育的共同体化应坚持个体主体与共同体主体的双重建构，塑造得体的道德个体与得体的道德共同体。通过适当的方式提升道德个体的道德判断、道德选择能力以及对他者的移情能力、唤醒道德个体对德性本身的敬畏感，是道德教育的共同体化的应有之义与实现进路。道德共同体应注重道德关系的内涵式发展、持续性发展与包容性发展，强化共同体成员有机团结在一起、相互依赖式连接的紧密度。第三，在制度方面，通过建立健全制度德育机制，发挥制度的德育价值，道德教育的共同体化旨在促进制度化生活方式的内化。为此，道德教育应挖掘制度所体现出的共同体之善的价值导向，并为其提供相应的实现条件，建构优良的德育制度，实现制度与人的生活的内在融合。第四，在环境方面，道德教育的共同体化立足于学校、家庭与社会维度，坚持家庭命运共同体、学校共同体与社会生活共同体的德育建构的统一，创建共同体意识的形成所需要的环境条件。

6.1　理念建构：规范论与美德论的互济共治

规范论强调"外指"型教育，按照正义的原则确立"我应该做什么""我应该如何做"的普遍化价值，安排受教育者在共同体生活中的道德规范，反对对道德规范的任何侵犯。德性论强调"内指"型教育，按照"内好"的原则为"我怎么样生存是善的""我应该成为什么样的人"提供价值开解，指导受教育者将外在的道德规范内化为自身的精神品格，自发自主自觉地追求德性并为之辩护，体认积极生活的内在意义，为干瘪的规则教育赋予善的本原意蕴。从人性本身来讲，人是低位格与高位格的统一。道德教育的共同体化应以底线伦理为起点，以高阶伦理为价值指引，遵循由底线到高阶的价值排序原则，推进人们的道德关系实现由消极的不伤害原则到积极的互助友爱原则的创造性转化。从共同体意识的形成机理来看，它是外在约束与内在价值共同作用的结果。道德教育的共同体化需要充分发挥规范伦理对道德个体的约束作用以及美德伦理对人性向善的引领作用，实现道德秩序与人性向善的互构性。

6.1.1　底线伦理与高阶伦理的互补性

亚里士多德在《政治学》一书开篇就声称人在本质上是政治的动物，介于野兽和上帝之间。人不是无限利他的存在，却也由于天性的自我组织、积极的道德追求进而形成不同于野兽的道德品性。舍勒认为价值存在四种基本样式：一是感官价值，分辨适意和非适意；二是生命价值，分辨高贵性与低贱性；三是精神价值，分辨美丑、对错和真假；四是宗教价值，分辨神圣与非神圣。[①] 舍勒的"四等级样式说"奠定了价值排序研究的根本基础，为透视道德个体在成人之道中形成的内在价值秩序提供了重要参考。据此，我们可以将人按照从低位格到高位格的谱系进行排列，将道德教育依托的价值或善的理念概括为两类：一类即建立在人性的低位格（底线性、功利性、常人）基础上的底线伦理，以规范论为主要代表。道德准则与道德规范因能为人们带来利益、免于道德风险而被他们视为有用的并加以遵循，这构成了人的普遍本性。以规范论为依据的道德教育旨在塑造道德个体在自我保全的同时不伤害他者的底线行为。另一类

---

① 张志平：《情感的本质与意义：舍勒的情感现象学概论》，上海：上海人民出版社，2006 年版，第 67-69 页。

即建立在人性的高位格(至善性、超功利性、圣人)基础上的高阶伦理,以美德论为主要代表。道德因其自身而非其他掺杂功利性的因素而被人们欲求与践行。以美德论为依据的道德教育旨在塑造肩负崇高道德使命与责任的人。人性处于低位格与高位格之间,人们对应该怎样共同地生活这一问题有着不同的答案。正因如此,道德教育的共同体化应坚持底线伦理与高阶伦理的统一,具体来说,道德教育的共同体化需要以此为出发点,强化个体间合作信任的道德品质,指引个体养成更高的道德素养,但不盲目要求个体的绝对利他行为。

道德教育的共同体化首先立足于底线伦理。"底线伦理是一种伦理学的最小主义,它有两个基本属性:一种普遍主义的义务论、强调基本义务。"① 道德教育的共同体化通过指引每一个道德个体实现对道德这一公共资源的可持续利用与拓展,抵制道德失范与道德离散现象,保卫人之为人的基本良知。那么,道德教育的共同体化为什么首先要立足于底线伦理?不伤害他者的底线伦理在道德教育的共同体化中为什么具有逻辑优先性?恩格斯指出:"人来源于动物界这一事实已经决定人永远不能完全摆脱兽性,所有问题永远只能在于摆脱得多些或少些,在于兽性或人性的程度上的差异。"② 人的生物学基础决定了人有着基于感性的基本欲望、偏好、利益与需要。普通大众的道德品性建立在感性的、自发的人性论基础之上,倾向于基本的道德义务而非超强的道德自觉,这是道德教育共同体化依托契约论与功利论等底线伦理学的基本依据。就契约论来说,人与人之间基于一定的共同利益与共同需求达成平等互利的合作契约。契约关系作为人们获取各自利益的手段而非目的而存在。就功利论来说,人们秉持最大多数人的最大幸福原则,旨在满足尽可能多的利益相关者,实现"最大化"的合作。契约论与功利论作为规范论的典型代表,是一种不伤害他者的兜底伦理或者说底线伦理,这是个体基于一种情感与本能来获取美好生活的最佳途径,符合普通大众对于"社会常德"的基本预设、理解与践履。

道德教育的共同体化以高阶伦理为价值指引。高阶伦理以美德伦理学为主要代表。"美德伦理学的理论基础或出发点是人不同于动物且超越动物的理

---

① 何怀宏:《底线伦理的概念、含义与方法》,《道德与文明》,2010 年第 01 期,第 19 页。

② 《马克思恩格斯文集》(第 9 卷),北京:人民出版社,2009 年版,第 106 页。

性人性论。"[1] 德性是美德伦理学的核心概念。针对于此,亚里士多德指出:"德性是一种使人成为善良,并使其出色运用其功能的品质。"[2] 人之所以成为人,在于其并不止步于对底线伦理的基本践行,换言之,在于其具有类存在对个体存在、道德境界对功利境界的超越性与良善的道德品性,这是道德教育共同体化依托美德论或者说高阶伦理的基本依据。虽然现实的道德生活常常面临着个体对他者的疏离与淡漠意识,但是,自古以来,任何社会都存在各行各业的道德典范,他们率先垂范,批判阿伦特所说的"平庸之恶",有着自律性的美德生成逻辑与积极的人格特质,积极践行利他性的道德原则,虑及他人感受,自觉肩负起为他者的道德义务。道德教育的共同体化以关系性的善为旨归,而以道德本身为目的,纯粹、不夹杂任何功利色彩的道义往来、良善行为与价值理性,正是关系性的善的最本质的内核与最优良的状态。一言以蔽之,高阶伦理诠释了人之为人的价值准则,在对共同体之善的培育中充当"助推器"的角色,为道德教育的共同体化提供精神高地,指引着道德个体不断超越自我发展局限,发自内心地认同道德共同体,提升包容他者、理解他者、为他者的道德感,向着合作、信任、和谐、友爱的道德关系不断迈进。

然而,高阶伦理作为一种高层次的道德要求,将道德本身作为目的加以维护,在本质上基于道德典范高度自觉的理性与责任而存在,它常常让现实生活中的普通大众望而止步,有着因难以达到故而被普通大众忽视的潜在风险。一个不得不承认的事实是,人们自觉遵守基本的道德义务,维护正常的道德关系,不妨碍他者获取美好生活的权利与机会,却未必能做到更高程度的利他,有时甚至直接或间接地导致道德冷漠现象的出现。底线伦理与高阶伦理的融合必将成为道德教育场域的必然趋势。不可辩驳的是,人是感性与理性、自爱与他爱、善与恶的统一体,任何一方都不能与另一方相割裂。正基于此,道德教育才能不断地发挥立德树人的育人功能,人也才有不断向上的道德空间与道德动力。传统道德教育"不为圣贤,即为禽兽"的至善理念片面追求人的无限性,创设神性化的道德模范,有意无意地忽视了个体成长的客观规律。事实上,尽管

---

① 王淑芹,武林杰:《美德论与规范论的互济共治》,《哲学动态》,2018 年第 07 期,第 101 页。

② [古希腊]亚里士多德:《尼各马可伦理学》,苗力田译,北京:中国社会科学出版社,1990 年版,第 32 页。

以规范论为核心的底线伦理与以美德论为核心的高阶伦理有着不同的立论基础,但它们不存在绝对的分野与对立,它们相辅相成,相得益彰,共同致力于道德生活的不断完善。道德教育的共同体化对互助型道德关系的形塑作用以及对共同体道德的建构方式通过底线伦理与高阶伦理的互补共治体现出来,与此同时,共同体化的状态并非一蹴而就,它需要共同体意识的持续累积。因此,道德教育的共同体化应遵循人的发展规律,对道德个体进行历时态与共时态的全面考察,坚持价值排序原则,坚持从有限到无限、从底线到高标的道德培养模式。就具体的形塑进路来看,道德教育的共同体化首先应认同人们不危害他者的底线意识,要求道德个体对道德义务的基本遵循,在此基础上,指引人们不断实现由利益共同体向价值共同体的理性转化,积极践行为他者的责任伦理。只有实现二者的有效结合,道德教育的共同体化才能平衡我与他者的道德关系,取得良好的发展态势。

6.1.2　道德秩序与人性向善的互构性

　　面对日益复杂的道德生活,我们在捍卫德性力量、承认德性之于人之为人的重要性的同时,也需要追问、反思并说明道德何以产生?由何而来?是因维护社会秩序的需要而产生?还是因人性本身的向善而产生?这是道德哲学所关涉的元问题,值得特别重视。借由这一论争产生的分歧,不同的道德流派与道德主张由此产生。只有对这一问题的分歧进行充分厘清,道德教育才能冲破迷雾,实现更高程度上的合理发展。与之相对应的是,在道德教育的共同体化过程中,道德共同体意识由何而来?是因维护整体性的道德秩序的需要而产生?还是道德个体本身对友爱伦理的自觉践行?换句话说,共同体是作为一种外在规范而存在还是作为一种内在价值而存在?这是道德教育者在道德教育的共同体化过程中首先需要正视并加以思考的关键问题。对这一问题的不同理解在总体上可以划分为两类:一类即规范伦理,它立足于外在视野,认为共同体意识是维护道德秩序的有效运转、确立道德个体的行为指南、克服道德相对主义弊端的需要;另一类即美德伦理,它立足于道德主体本身的内在视野,强调道德主体的自由自觉性,认为共同体意识是人对友爱共同体的内在需要与对共同体之善的积极向往的产物。

　　道德教育的共同体化需要充分发挥规范伦理对道德个体的约束作用。毋庸置疑,道德个体对自我利益有着天然的欲望与冲动,热衷于对自我价值的表达以及他人对自我价值的积极肯认。正因为如此,如何将其控制在合理的范围内,最大程度地发挥它的正向作用,使得道德个体互不冲突、道德秩序实现良好运转,便成为规范伦理的重要任务与价值依归。具体来说,规范伦理以"应该做什么"以及"应该如何做"为核心要义,触及这样一种规范,即道德个体,无论他有着怎样的道德自由与道德选择,都不能以牺牲他者的道德自由为代价,都应当维护公共的道德秩序,坚守恰适的价值标准,否则容易陷入"没有标准的选择"的道德深渊。道德教育的共同体化为道德个体提供有标准的道德选择,带有强烈的规范性维度,是规范伦理应对个体化道德问题的新契机。从规范伦理切入,一方面,道德教育的共同体化需要肩负起调节道德冲突的任务,使道德个体之间达成合作性规范,这是其依托规范伦理的关键。在陌生人社会,人与人的关系越来越以攀比、竞争、较量等相互对抗、相互排斥与相互防范的形式出现。道德教育的共同体化借助规范伦理的力量,通过对道德个体的道德行为进行约束和调控,将道德个体间的道德冲突进一步转化为道德合作,努力营造和谐有序的道德关系。另一方面,道德教育的共同体化需要以明确的价值标准引领道德个体的道德行为。当前,道德相对主义泛滥成为制约道德共识的重要因素。道德教育的共同体化依托规范伦理对价值标准进行合目的性与规律性的总体规定,为道德个体提供参照性的价值指引,使其实现道德选择与道德标准的有效结合。

以上所论,我们可以看出,根据规范伦理的理解,它对个体的约束在更多程度上体现为一种硬约束,容易使得个体的服从带有一定的病理症状,这成为美德伦理对它的诟病之处。而美德伦理对个体的约束主要体现为一种软约束,更多地注重对个体德性的内在培养。因此,有关道德教育共同体化的界定,不能仅仅理解为道德权威对道德个体的强制性约束,也不能将其务实地还原为道德共同体形态的外在构成。道德教育的共同体化还需要充分发挥美德伦理对人性向善的引领作用。麦金泰尔认为:"在亚里士多德的目的论体系中,偶然所是的人与实现其本质性而可能所是的人之间有一种根本的对比。"[①] 美德伦理

---

① [美]阿拉斯戴尔·麦金太尔:《追寻美德——道德理论研究》,宋继杰译,南京:译林出版社,2011年版,第67页。

的核心不在于对个体应然层面的道德要求,而在于对"好人"的培养,它不对个体设置强制性的"当为"原则,具体来说,它重视对人的良善德性或者说道德感的培养,它的宗旨在于推进人由"偶然所是"的状态向"实现其本质性而可能所是"的状态转化。毫无疑问,人对真善美的向往与追求、对社会朝着和谐方向发展的共同期望是人类社会发展的内在动力。人对他者的痛苦与灾难有着天然的同情心。与此同时,人对他者的依赖、与他者的合作都有着原初的生物学基础。"人们出于天性自我组织起来,不仅组成家庭和部落,也组成更高层次的团体,他们可形成维持这类社群所需的道德品质。"① 从美德伦理切入,就具体实现理路而言,一方面,道德教育的共同体化需要引领道德个体发自内心地树立对他者的友爱意识与责任意识,养成为他者的道德情怀。这是其依托美德伦理并由美德伦理加以论证的关键。只有当道德个体自觉肩负起为他者的义务、增强对他者的共情意识时,道德教育的共同体化才有现实化的可能。另一方面,道德教育的共同体化需要以美德伦理为指引来塑造新的共同体精神,赢得道德个体对道德共同体的自觉认同,实现共同体之善,将人从康德所说的"理性的恶魔"(恶魔会出于私利而做出道德或利他的行为)中解放出来。

由上所知,美德伦理学通过对道德个体内在品质的强调进而凸显出共同体精神的德性维度,这是其优势所在。然而,在此,我们需要思考的一个道德问题是:好人是否必然会向"好公民"过渡,好人的道德行为是否必然会导致社会道德秩序的有效发展?继续向纵深处挖掘,我们就可以发现,美德伦理培育的好人并不完全等同于道德教育共同体化所呼吁的关系理性中的道德个体。这是其劣势所在。如何为不同的道德个体提供有利于社会道德秩序有效运转的行为指南,是美德伦理需要向规范伦理借鉴的地方。综括而言,道德教育的共同体化是否可能以及如何可能,需要规范伦理与美德伦理的共同回答与共同辩护。道德共同体意识作为一种共享的价值与规范,既是维护社会道德秩序的必然需要,又是个体向善本性的内在体现。互助友爱的共同体精神是由外在的道德秩序与内在的人性向善双重维度共同决定的,可以在二者的合力中找到依据。换言之,任何一者都无法单独促成道德主体间和睦友好的道德关系。虽然

---

① [美]弗朗西斯·福山:《大断裂:人类本性与社会秩序的重建》,唐磊译,桂林:广西师范大学出版社,2015 年版,第 169 页。

规范伦理与美德伦理对德性产生缘由的理解有所不同,在内涵与外延上也各有侧重,但二者都是为了人与社会更好地发展而存在。它们在道德教育场域相互补充、相互支援,共同为道德教育的共同体化铺陈出可能的发展理路。因此,道德教育的共同体化应对规范伦理与美德伦理保持开放融合的姿态,致力于道德秩序与人性向善的双重建构,既注重对和谐道德秩序的有效维护,为道德个体提供正确的价值指引或价值标准,又注重对共同体之善、互助型道德关系的德性培养,激发共同体意识的内在生成机制,创建更多的基于道德主体间的社会资本。

6.2　主体建构:个体主体与共同体主体建构

人是主体性的存在,个体主体与共同体主体是彰显主体性的两个基本元素。就个体主体而言,道德教育的共同体化需要以"有标准的选择"为限度,来提升道德个体的道德判断能力与道德选择能力;需要以"同情"为核心,注重对道德个体的情感培育;需要唤醒道德个体对道德本身的敬畏感,注重对道德个体的信念或信仰培育。就共同体主体而言,道德教育的共同体化需要以信任半径的扩大为进路,加强共同体主体连接的紧密度,推进道德关系的内涵式发展、持续性发展与包容性发展。

6.2.1　个体主体的道德能力建构

当前,面对多元化的网络信息以及日益增多的选择诱惑,人们尤其是青少年的道德困惑随之而来,"心有余而力不足"成为支配人们道德生活的日常话语与道德常态。道德判断能力、道德选择能力、道德情感能力、道德践履能力等的重要性得以凸显出来。事实上,"道德判断不仅是个人稳定特征的产物,而且是个体能力与情境道德特征相互作用的结果。"[①] 在道德教育过程中,德性的培养、道德规范的规约占据主流,与之形成鲜明对比,道德能力是一个常常被忽视的道德范畴。科尔伯格指出:"个体(基于内在的道德原则)对哪些是道德的进行决策和判断的能力,以及能够根据这些判断付诸行为的能力,这种能力越来

---

① 唐艳婷:《提升大学生道德能力的德育课程探索》,《江苏高教》,2019 年第 08 期,第 95 页。

越被证实是道德的核心。"[①] 的确,道德能力之于道德发展而言意义重大,是人的德性培养过程中必不可少的环节,是对道德观念的重要补充。道德能力是可教的,这是道德教育自古至今始终存在的前提性条件。但这一能力并不单指理性能力,还包括情感能力。就其原因,主要因为人是感性与理性的统一,这是人之为人的基本事实。以康德、罗尔斯等人为代表的道德理性主义将认知、判断与推理视为道德能力的核心要义,忽视了道德情感能力在个体德性生成中的重要性。总的来说,通过适当的方式提升道德个体的道德判断、道德选择能力以及对他者的移情能力、唤醒道德个体对德性本身的敬畏感,是道德教育的共同体化的应有之义与实现进路,也是道德教育的共同体化克服个体化道德困境的必然选择。

道德教育的共同体化需要以"有标准的选择"为限度,来提升道德个体的道德判断能力与道德选择能力。面对多元的道德选择方案,无标准的选择、无限制的自由与放纵将道德个体引向新的道德深渊。道德个体要求提升选择能力的热望敦促道德教育理念向标准与选择统一方向的逐步靠拢。选择与标准作为一对基础性范畴,构成道德教育者与受教育者的共同思考。共同体化视野下的道德教育旨在突破个体化视域下对道德选择的过度张扬,努力实现选择与标准的平衡性统一,以更好地提升道德个体在不同的道德情境下的道德选择能力。就具体的实现进路而言,一方面,道德个体需要把对道德标准的理性认知作为首要的思虑内容,对是非善恶要有明确的判断标准。在不同的道德选项之间,或者说,面对复杂的道德冲突,道德个体应作何选择?进行何种价值排序?这是对道德个体选择与判断能力的重大考验。由此,道德个体作为关系性的存在,应将社会主义核心价值观所囊括的道德内涵作为主要的价值倾向,并对其进行有效的内化与吸收,以此来应对"没有标准的道德选择"的个体化困境。另一方面,道德个体的道德选择要借助"善"的伦理观照来体现道德合理性,彰显价值理性,这是道德选择的意义或价值之所在。合乎德性的道德行为选择过程是人的本质力量得到证实、人对于美好生活需要得以满足的过程,它预示着道德个体对个体善与共同体之善相互融合的基本探求。道德个体应本着伦理

---

① Kohlberg, L. Development of Moral Character and Moral Ideology. Review of Children Development Reserch, 1964.

连接的原则,遵循良心的指引,对自我发展与他者发展作出合乎德性的综合考量。以此为基础,通过对道德选择的不断反思提升道德境界,道德个体不断成为真正意义上的人。

道德教育的共同体化需要以"同情"为核心,注重对道德个体的情感培育。在个体化社会,个体在大多数情况下更愿意作为不主动过问他者事务的"旁观者"而存在,与此相应,道德冷漠常常表现为"我"对"他者"痛苦的无动于衷甚至麻木不仁。以休谟为代表的情感主义伦理学将情感视为道德的重要来源。情感是基本的生命情状,而同情作为情感的重要构成部分,在救治道德冷漠这一主要的道德危机方面发挥着重要作用。休谟将同情心视为"任何情感的同类感应"与"道德区别的主要来源"。①同情作为基础性的道德情感,它构成了个体关爱他者、帮助他者与构筑道德共同体的原初动力。基于此,道德教育的共同体化立足于情感这一维度,旨在引领道德个体在对痛苦与快乐的感知方面超越单纯的自我界限,更多地向我之外的一般他者延伸。一方面,道德个体要学会关心。"德国哲学家马丁•海德格尔将关心描述为人类的一种存在形式。他认为,关心既是人对其他生命所表现的同情态度,也是人在做任何事情时严肃的考虑。"②其中,对他者苦难的同情与关心尤为重要。只有从心灵深处感受到他者的苦难、不幸与痛苦,并始终保持对苦难的真切体验,道德个体才能为他者的生活境遇所震撼、所感动,才能在同情的基础上做出合宜的利他行为。另一方面,道德个体要学会理解。当然,相比于认识论视域中的浅层次理解,这里所说的理解更倾向于价值论视域中的深层次理解。理解与同情的勾连为道德个体间的友好交往奠定基础。道德个体需要彼此倾听对方的感受、了解对方的境遇,通过真诚的对话与交往加深理解,只有这样,才能借助他者的意见与建议不断提升自我,才能学会站在他者的视角理解并包容他者,实现我与他者的互利互惠。

道德教育的共同体化需要唤醒道德个体对道德本身的敬畏感,注重对道德个体的信念或信仰培育。"信仰就是有限对无限的向往和期盼,是对人的存

---

① [英]大卫•休谟:《人性论》,关文运译,北京:商务印书馆,1980年版,第661页。

② [美]内尔•诺丁斯:《学会关心:教育的另一种模式》,于天龙译,北京:教育科学出版社,2015年版,第30页。

在意义的终极关怀。"① 对存在意义与价值的追问、对他者的道德关切、对真、善、美与正义的自觉维护，是道德信念、道德信仰的题中之义。当前，道德个体的价值迷茫、道德感的缺失、道德关系的陌化与淡漠、人与人之间道德联结的弱化归根结底是道德信念缺失的必然结果。它一旦扩大、弥漫成为一种"常态化""普遍化"的社会氛围，成为大众习以为常的道德习惯，就容易衍生出非常严重的道德危机。道德信念培育尽管对道德个体而言是一种高标准与高要求，但却是一种重要的德性培养方式。只有充分重视道德信念的培养，道德个体才能逐步获得超越性的力量，敢于在正义与善被埋没、被涂层、遭到异化的情境下自觉为善发声、为善打赌，才能肩负起作为人的道德责任。人之为人，在于其有着作为道德存在物的信念与信仰，道德信念教育通过唤醒个体的道德良知、激发道德个体对社会正义的道德关切，进而为共同体化的德育取向提供助益。就具体的实现进路而言，一方面，道德个体要有坚定的道德信念与价值承诺，杜绝"平庸之恶"。以此为基础，坚定不移地坚守并践行善与正义，不断巩固并强化道德信念，守望道德教育的神圣性。另一方面，道德个体要有敢于发声的道德勇气。面对道德失范、道德冷漠的道德危机，道德个体要敢于发声、敢于亮剑，且有底气、有信心发声，积极调动他者的道德激情，为营造和睦友好的道德氛围贡献力量。

6.2.2 共同体主体的道德关系建构

与个体主体相类似，共同体主体是道德教育共同体化的重要主体力量。如果说个体主体的道德能力建构从微观层面奠定了道德教育共同体化的基石，那么，共同体主体的道德关系建构则从宏观层面诠释了道德教育共同体化的本质内核。二者相互补充，共同为道德教育共同体化的完善奠定基础。道德关系作为社会关系在道德层面的体现，虽然在不同的时代条件下具有不同的表现形式与内容，却始终内涵着人们对于良好的共同生活的价值期待，是道德建构必然绕不开且无法割舍的要素。当前，熟人社会向陌生人社会的转型改变了道德关系的原有样式，引发了人们对道德关系的重新思考。碎片化、陌生化与隔离化作为陌生人社会条件下道德关系的基本样态，揭示了道德关系的异化与扭曲面貌。如此一来，脆弱的道德关系更加呼吁共同体主体与共同体化的道德教育对

---

① 王艳华，庞立生：《世俗时代的信仰何以可能》，《光明日报》2015 年 02 月 11 日，第 16 版。

它的修补乃至重建。

总的来说,道德教育的共同体化需要以信任半径的扩大为进路,加强共同体主体连接的紧密度。道德生活中常常存在窄化道德关系的现象:如有些共同体将信任半径局限于共同体内部,通过排斥其他共同体或者与其他共同体展开恶性竞争的方式来争取自身的存在与发展;与之相类似,有些共同体将信任半径局限于当下的道德情境中,带有很强的临时性与短暂性。毫无疑问,这些共同体形式是对"真正的共同体"得以存续的挑战,它偏离了道德关系的价值定位,没有把握到充分且持续的信任是确保道德共同体得以运转的关键。针对于此,道德教育的共同体化旨在强化共同体成员有机团结在一起、相互依赖式连接的紧密度。

其一,共同体主体要注重道德关系的内涵式发展,关注道德关系的价值导向。在道德关系的层级谱系与价值排序中,信任、宽容与理解居于高位,相较于其他方面有着更合乎道德本身的价值地位。忽视信任、宽容等品性之于道德关系的重要性,共同体主体容易陷入对道德关系的错误理解中。例如,人际交往的多样化、跨时空性以及跨地域性作为道德关系的当前景象,虽然带来了道德关系的形式化发展,却不一定会逻辑地导致道德关系的内涵式发展。从本质意义上说,以共同体主体的数量来定义的道德关系与基于价值理性衍生的道德关系存在目的论上的严重分歧,即共同体主体数量的增多不等同于共同体成员的有机团结。道德关系,当作为共同体主体拉帮结派的工具时,便与诸如裙带关系、利益交换等异化现象联系起来。"一切时代任何高尚的交往都致力于深入思考道德问题。"[①]基于此,首先,共同体主体应立足于价值理性视角,关注道德关系内蕴的精神特质与共享的价值观,在此基础上加强共同体成员间的信任式合作。事实上,信任是共享的价值观的主要副产品。共同体主体只有通过对共享价值观的自觉认同与践履才能扩大信任半径,重建更大范围的道德共同体。其次,共同体主体应避免对共同体数量与共同体利益的盲目追求。道德教育共同体化的初衷在于通过道德教育实现共同体成员的互相帮扶。对这一初衷的违背不仅不利于道德教育的优质发展,而且不利于道德共同体的基本构建。因此,共同体主体要厘清互惠利他的核心要义,在构建道德关系时做到不盲目、不

---

① [德]尼采:《作为教育家的叔本华》,周国平译,南京:译林出版社,2012年版,第9页。

盲从、不虚华。最后,共同体主体应以共同体之善或关系性的善为根本旨归,将共同的生活这一外在形式转化为良好的共同生活这一内在价值。

其二,共同体主体要注重道德关系的可持续发展。以信任为依托的道德关系内涵着可持续性的道德要求,它不同于市场体系中物物交换的临时性、易变性与利益性,共同体主体不应只着眼于当下的利益合作而忽视未来伦理连接、彼此信任、互惠利他的可能,将信任半径局限于当下的道德关系而不顾未来道德关系的发展走向。毋庸置疑,以对未来道德关系的消耗为代价的透支式发展损害了道德关系的应然面貌。正是对互助式道德关系的持续性维护,信任半径才能不断延展,道德共同体才得以持久稳固。因此,共同体主体应在历史、当下与未来的三重维度中把握道德关系的本质,实现信任半径在历史、当下与未来的全方位辐射,推进互助式道德关系的可持续建构。具体来说,一方面,共同体主体应注重彼此间的重复互动,强化对道德关系的"深描"。未来道德关系的紧密度在很大程度上取决于共同体主体当下的道德态度与道德行为。持久的道德关系非轻描淡写所能加固,而是通过有力度、有温度、有情感、有厚度的深描而展开,即对道德关系进行细致的维护,以期把握其持久性而又避免使之落入眼前利益的窠臼。然而,"深描"的复杂性、耗时性与耗力性常常让普通大众望而止步。"人们只有在知道自己要在未来很长一段时间都同另一人打交道时,才会在意他们自己的声誉。"[①]与之相类似,共同体主体只有克服在道德交往方面的惰性心理,通过彼此间的重复互动,将道德关系作为长时间的生命活动来经营,才能深化彼此间的信任与了解,诠释类存在的本质力量,创建和睦友好的道德共同体。另一方面,共同体主体应树立一种整体性、系统性思维,将道德关系的构建视为贯穿道德生活全过程的整体性活动。

其三,共同体主体要注重道德关系的包容性发展。以信任为依托的道德关系还内涵着包容性的道德要求,它意向于促进共同体主体承认他者、包容他者与团结他者。在信任度下降的个体化社会,道德关系的包容性发展孕育着道德关系的合理内涵,它有利于信任的修复与重建,继而有利于道德共同体的积极构建。哈贝马斯认为:"这种道德共同体的结构原则就是要消除一切歧视和苦

[①] [美]弗朗西斯·福山:《大断裂:人类本性与社会秩序的重建》,唐磊译,桂林:广西师范大学出版社,2015年版,第217页。

难,包容一切边缘群体,并且相互尊重。"①首先,共同体主体要承认他者的异质性与多元性,不盲目排斥他者,对他者持平等相待的尊重态度,认同道德个体差异性的存在。被承认、被认可是他者提高参与道德共同体积极性的内在动力,构成他者存在的意向性基础。其次,共同体主体要包容他者,遵循公平公正原则,坚持机会公平与权利公平,吸纳不同的个体积极参与到道德共同体中来,但不把他者据为己有,或者说,不把他者囊括于共同体自身中,这是道德关系实现包容性发展的核心。"所谓'包容他者',实际上是说:共同体对所有的人都是开放的,包括那些陌生的人或想保持陌生的人。"②共同体主体应以开放包容的胸怀对待每一个道德个体,吸引道德个体自觉自愿的参与。最后,共同体主体要团结他者,这是道德关系实现包容性发展的宗旨与目的。当然,团结他者建立在承认他者、包容他者的基础上,并通过承认他者与包容他者体现出来。按此理解,面对差异性的存在,如何使其摈弃各自的偏见、求同存异、紧密地团结在一起,是共同体主体面临的重要任务。

6.3　制度建构:建立健全制度德育机制

制度塑造了社会共同体的行为型式,构成了共同体的现实本质,体现了强大的凝聚力,为善与正义提供强有力的保护仓,体现共同体之善的价值导向,直接或间接地隐含着德育价值,成为道德教育共同体化的重要资源,能够很好地为道德教育的共同体化助力。制度德育为解析道德教育共同体化的前提、探寻道德教育共同体化的实践进路、管窥现有的道德制度提供了必要的分析思路。制度德育应遵循民主原则、发展原则与以人为中心的价值原则,以制度与生活的互动为主要抓手,阐明制度的道德特性,彰显德育方式的大众化与亲和力,增强制度执行力,形成稳定的制度化行为模式,促进制度化生活方式的内化。

6.3.1　制度蕴含德育价值

制度与人们的生活密不可分,涉及人们的普遍福祉,是人类社会发展的必然要求。人的政治、经济、文化与社会行为无不在制度的约制下进行,它正逐渐成为人们生活中必不可少的"仪式",道德个体通过这种特殊的仪式与道德共

---

① [德]尤尔根·哈贝马斯:《包容他者》,曹卫东译,上海:上海人民出版社,2018年版,第2页。
② [德]尤尔根·哈贝马斯:《包容他者》,曹卫东译,上海:上海人民出版社,2018年版,第2页。

同体相连接。对于制度,学者们有着不同的解读视角。杜时忠指出:"何谓制度?从字面意义上看,'制'有节制、限制的意思,'度'有尺度、标准的意思。这两个字合起来,表明制度是节制人们行为的尺度。"[①] 米德认为:"在我们生活的共同体中便有一整套这样的共同反应,而这样的反应我们称之为'制度'。制度体现了共同体全体成员对一个特定情境的一种共同反应。"[②] 诚然,对制度的不同解读都有相通之处。从形式之维来看,制度是一种有组织、有纪律、系统性的社会形式,是一种与社会发展相适应的客观存在,一经确认,在当时的社会历史范围内就具有极大的权威性或不可挑战性,为个体提供应然层面的要求;从实质规定来看,面临相近的道德情境,共同体中有着特定的道德反应或行为型式。制度塑造了社会共同体的行为型式,构成了共同体的现实本质,体现了强大的凝聚力,为迷茫中的道德个体提供强有力的价值指引与应然性的道德要求,使其以不同的方式团结、聚合在一起。可以说,没有制度的保驾护航,道德个体的自由全面发展与社会的自由全面发展则失去可能。由此可以得知,无论从形式之维还是从实质规定来看,道德生活都与制度存在极大的相关性。就内在关联而言,道德需要制度的规制与约束,制度需要道德的价值引领,二者在功能上相互支撑,内涵上相互补充、相互渗透,同时,它们互相把对方作为前置条件。道德秩序的运转好坏是检验制度好坏的试金石。制度蕴含德育价值,也常常被作为道德教育的独特向度加以考量与运用。对于这一点,以下将会展开详细的论述与证明。辨析清楚这个问题,是明确制度德育合理性的关键。

制度作为一种公共性的规范要求,无疑是公共道德秩序的重要影响因素,它为善与正义提供强有力的保护仓,有利于促进道德教育共同体化的良序开展。在道德生活中,制度被赋予了一种鲜明的本质功能,即致力于制度化、组织化的道德秩序的合理建构。首先,制度对"什么是应该做的、什么是不应该做的、应该如何做"作了总体的规定性要求,为价值迷茫中的道德个体提供了一定的行为标准。可以说,在有条不紊、大到国家与社会、小到家庭的制度安排下,每一个道德个体都要具备严谨的制度意识与制度观念,并以制度来约束、规

---

① 杜时忠:《人文教育与制度德育》,合肥:安徽教育出版社,2012 年版,第 292 页。

② [美]乔治•赫伯特•米德:《心灵、自我与社会》,赵月瑟译,上海:上海译文出版社,2018 年版,第 294 页。

范、审视并反思自身的道德行为。这就使得制度成为渗透进人们日常生活的一种重要德育资源,德育工作者力图找准制度对人的生活所发挥的潜移默化的作用,将无声的制度规范转化为有声的德育教化力量,推进了道德制度的入脑入心,强化了道德个体的道德认同与道德共识。其次,制度作为一种总体性的道德关照,它的在场有利于保障道德教育环境的清朗有序,将道德秩序维持在相对稳定的状态。道德教育存在一个不容置疑的事实,即无论是家庭德育、学校德育还是社会德育,都需要优良的环境保障,而制度正是为德育保驾护航,保障德育环境清朗有序,避免德育系统离散化、碎片化,促使其朝着共同体化方向发展的重要介体。最后,制度以其特有的显著优势促进道德治理能力的提升。各个道德治理主体以制度为圭臬,不断丰富和完善道德治理体系,提升道德治理能力,积极履行职责,对人们的道德行为赏罚分明,及时修复道德缺口,整治道德秩序。由此而来,在道德场域,制度向善治的转化实现了制度与道德治理的有效融合,而道德治理又同时作为弥补道德教育个体化困境、推进其向共同体化转向的重要进路,由此,制度直接或间接地隐含着德育价值,成为道德教育共同体化的重要资源。

　　制度体现共同体之善的价值导向,有着深刻的价值特性,能够更好地为道德教育共同体化的合理性助力。首先,制度的规范性、标准性与道德的密不可分性决定了制度并不体现价值中性的立场,而是有着强烈的价值导向。"任何制度都要以一定价值认识、价值判断和价值取舍为前提,都要以一定的伦理精神为底蕴。"[①] 在此基础上,制度才能有立足之根、存在之本,才能更好地引领个体的德性养成,形塑、稳固并强化个体的道德认知、道德情感与道德行为。荀子所说的"化性起伪"尤为强调制度的价值导向,它是用礼义法度来改变人的自然本性,使人树立德性观念的典型代表。其次,承前所述,这种价值导向是一种共同体之善的价值导向,这也是道德教育的共同体化尤为重视制度因素的原因。在道德场域,制度并不局限于道德个体的自我生活,而是向共同的生活开放,它旨在为道德个体确立有利于共同生活的价值标准,以公平、平等、友善、和谐、信任、正义等为价值考量,凸显其对于社会共同体运转的伦理意义,为人

---

① [美]乔治·赫伯特·米德:《心灵、自我与社会》,赵月瑟译,上海:上海译文出版社,2018年版,第295页。

与人之间的道德关系确立行之有效的运行模式与伦理界限。以制度为基石,道德教育共同体化的运行更具牢固性与正当性。最后,与压制性的社会制度存在性质上的根本差异,真正的制度并不以抹杀道德个体的多样化发展为代价。压制性的社会制度将道德个体的道德自由悬置,违背了道德教育的内在本质,使得制度与道德、正义呈现背离,不利于道德教育的良性发展。如果将制度禁锢在对人们生活空间的压制中来考量它的本质,那么制度所能够彰显的价值理性或者德育价值则存在被埋没的风险。就本质意义上说,制度所具有的共同体之善的价值导向能够有效地平衡道德个体与道德共同体的内在关系,激发道德个体对优良制度的信任与践履。

6.3.2 建构优良的德育制度

制度影响国民品德,制度德性是个人德性的前提和基础。以优良的制度培育德性之人,形塑良好的共同生活,是制度德育的核心要义。邓小平说:"制度好可以使坏人无法任意横行,制度不好可以使好人无法充分做好事,甚至会走向反面。"[①] 爱尔维修也曾指出:"当人们处于从恶能得到好处的制度之下,要劝人从善是徒劳的。"[②] 不好的制度使得德性践履成为空中楼阁,更使得以制度为基石的道德教育共同体化难以立足。在个体化视域下,制度的缺位或"贫困"是道德相对主义在人们的道德生活中泛滥、持续扩张的重要原因之一。针对于此,道德教育由个体化向共同体化的转向首先需要解决的是制度问题,是以制度为桥梁、个体善与共同体之善的连接与融通问题。毋庸置疑,为更好地推进道德教育共同体化的发展与完善,建构优良的德育制度势在必行。前面我们提到,制度蕴含德育价值。这只是制度德育成立的前提或者说开展的第一步。建构优良的德育制度则是制度德育开展的第二步,也是最为关键的一步。

其一,遵循民主原则,提升受教育者对德育制度的参与度,实现道德教育者与受教育者的双向互动。在对制度的一般态度中,我们可以看出体现不同反应甚至截然对立的态度。在以往的制度德育运行环节中,制度的制定者、道德教育者对制度拥有很大的决定权与发言权。与之形成鲜明对比,受教育者常常对德育制度持有被动接受、服从、消极认可的态度。制度的制定者与接受者在

---

① 《邓小平文选》(第 2 卷),北京:人民出版社,1994 年版,第 333 页。

② 杜时忠:《人文教育与制度德育》,合肥:安徽教育出版社,2012 年版,第 295 页。

制度面前存在严重的不平等。就其本质而言,制度是建立在公意基础上、关于社会共同体与人的发展方案的共同约定。制度的合理性要到道德个体的共同意志、共同认可中去寻找、去论证。道德教育的共同体化正是借助制度的这一本质性力量,才能促成道德共识的基本构建,实现道德个体与道德共同体的同向同行。首先,德育制度的制定应打破以往以外在权威为核心的单向度模式,广泛听取并尊重受教育者的意见与建议,使得受教育者在参与德育制度的制定方面拥有一定程度的话语权,实现权利与义务的有机统一,在此基础上,对与受教育者格格不入的德育制度进行及时修正、调整与完善。其次,德育制度的运行要尊重受教育者的成长规律,贴近道德个体的道德生活,具有充分的解释力与亲和力,激发道德个体的积极参与。最后,德育制度的评价要吸纳受教育者这一评价主体,将受教育者的评价作为衡量德育制度成效的重要标准,鼓励受教育者对德育制度的运行目的、运行过程与运行结果进行切实评价。

其二,遵循发展原则,为道德教育的共同体化创造更多的可能性。以往的德育制度往往局限于一种基本的底线思想与静态思维,不出错、不出事、稳妥、中规中矩成为德育制度在很长一段时间的基本遵循点。这样的路径依赖显然难以满足人与社会的发展需要。然而,德育制度在保障基本的道德秩序、发挥最基本的德育功用、纠正道德个体的错误行为与道德个体间的不正当关系的同时,还需要立足于发展维度,继续追问制度的更多可能性,推进道德个体向更高层次的道德境界逼近,促进道德关系向更加和睦友爱的积极状态靠拢。首先,德育制度应在培育个体积极健康的道德行为方面下功夫。结合受教育者在学习、生活、工作等方面对制度的内生需求,发挥制度对道德个体的积极影响力,进而使得个体实现由被动服从制度到主动践履德育制度的创造性转化,自觉养成良好的道德习惯。其次,德育制度应在推进道德关系的友爱互助方面下功夫。鼓励道德个体的利他行为,赋予道德关系更多的发展空间,使其更具关怀性、互助性,而不是将其封闭在一个"互不伤害"的道德空间中。最后,德育制度应在不断的改革创新方面下功夫。德育制度不可能一成不变,它具有强烈的时代性,它所惯用的简单粗暴式惩罚方法在新时代逐渐显得捉襟见肘,基于此,它的改革创新应围绕培育时代新人的新使命而逐渐展开,由管理走向治理,由强制转向协商,为道德教育的共同体化提供合理合情的制度支撑。

其三,遵循以人为中心的价值原则,提升德育制度与人的美好生活的连接度,实现道德教育对人的复归。制度是为人的存在,它的目标不会是勉强维持和达致一套既定的社会标准与规范。离开人本身来谈制度,没有任何意义可言。当前,"德育制度处于一种供需错位的结构性非均衡状态。"[①] 制度的过度供给使其以天罗地网的形式遍布于人们的日常生活中,呈现出"毛细血管化"的特征,与之形成鲜明对比,真正满足人的发展需要的德育制度却面临供给不足的发展状况。这也是德育制度改革一再被强调、却收效收微的一大缘由,也是道德教育在纠正个体化发展困境的同时又陷入新的困境、无法向共同体化转向的缘由。为此,首先,德育制度应摈除将制度作为一种摆设的形式化的发展模式,认清形式化制度的饱和现状,诊治不道德的制度与不道德的人的病理关系,实现对制度异化现象的及时纠偏。德育制度的执行不应被当作一项指标性的任务来对待,它需要德育工作者对其保持敬畏之心。其次,德育制度要沿循善的价值理路,以制度之善架构起个体善通往共同体之善的桥梁,为道德教育的共同体化提供正当性辩护。德育制度作为一种价值表达,只有在合乎善的基础上才能培养德性之人,构建以道德共同体为核心的意义世界。最后,德育制度要扎根于现实的道德实践,服务于良好的共同生活。德育制度源于实践、源于生活,既要以科学的智慧为纷繁复杂的道德问题提供合理解答,又要在物的尺度与人的尺度的统一中更好地服务于每个道德个体生存于、存在于其中的共同生活,使共同生活不再只局限于物理空间层面,更拓展于美好的价值层面。

6.3.3　制度化生活方式的内化

制度化,顾名思义,为"化"制度,即将物质形态的制度"化"为关涉思想与精神的生活方式。德育制度的确立与制度化生活方式的形塑是制度德育的两大主题。制度与共同体的必然关联决定了制度化是道德教育共同体化的必然前提与重要支撑。在建构优良德育制度的基础上,如何将制度转化为人们习以为常、自觉热爱的生活方式,实现制度向制度化的有机转化,是制度德育展开的第三步,也是最具有挑战性、最为困难的一步。具体来说,"把有目的、有

---

① 董金权,甘琴:《制度资源·制度瓶颈·制度创新——新制度经济学视角下的学校德育》,《学术论坛》,2012 年第 02 期,第 51 页。

计划、有组织的制度教育过程,化为全体成员共同认同的制度生活方式。"① 这是制度德育的最高境界。之所以这么说,是因为道德个体可能出于对权威的惧怕心理、对"大家"都普遍遵守德育制度的"从众"心理、对违背制度而受惩罚的自然心理而被迫服从德育制度,却不一定发自内心地认同它、遵守它并践行它。简言之,制度与人的道德生活存在内在直接或间接的抵牾,呈现两张皮现象。正是这种困扰制度德育的发展悖论,催生了人们把握、了解、践行制度的新方式——制度化。只有实现制度化生活方式的内化,制度才能以其彻底性的思维特征说服人,真正达到入脑入心的目的,转化为人的自觉追求;道德个体才能发自内心地遵守并坚守制度之善;道德教育才能逐步克服由制度的过度供给所造成的弊端,向共同体化的理想状态迈进。简言之,制度化的生活方式体现了德育制度之于人的真实意义。制度德育顺利展开、道德教育的共同体化有效确立的另一前提,必然是制度化的精神状态或生活方式。

其一,制度德育应以制度与生活的互动为主要抓手,以制度情境的创设带动制动生活的构建,这是制度化生活方式的基础。韦森认为:"当个人的习惯、群体的习俗和作为非正式约束的惯例经过一个动态的逻辑发展过程变为制度时,制度本身显现为一种正式的规则和正式的约束,但这绝非意味着习惯、习俗和管理一旦进入制度之中就失去了其作为一种秩序、一种事态……的自身。"② 道德制度不是天然地存在于人的道德生活中,而是与道德生活有机互动的结果,它饱含了共同体成员对它的本质诉求,凝结着共同体成员的共同意志。制度德育不能以"拍脑袋"决定的制度来约制道德生活,而是秉着对道德生活的关切态度,立足于道德生活与人们的道德需求两个层面来确立合乎人与社会发展需要的制度。一方面,制度德育首先要创设合乎人性、满足人的生存与发展需求的制度情境。在小到校园生活情境、课堂情境大到社会情境中还原制度与规范的本质、探寻制度之于人的发展意义。另一方面,以无处不在的制度情境为底板,制度德育重在对制度生活的积极构建。巧妙地设计制度情境,而又不被情境所束缚,不拘泥于情境的种种表现形式,透视制度情境所折射的道德生

---

① 黄上芳:《制度德育论的贡献与局限》,《浙江教育科学》,2018 年第 05 期,第 18 页。

② 韦森:《哈耶克式自发制度生成论的博弈论诠释——评肖特的《社会制度的经济理论》,《南大商学评论》,2004 年第 02 期,第 148 页。

活,是制度德育的应然要求。当然,这不是对道德生活的简单再现,而是在观察、分析道德生活基础上对它的进一步凝练与提升,是对制度与道德生活的有效融通。

其二,制度德育应阐明制度的道德特性,彰显德育方式的大众化与亲和力,促进道德主体的德性生长,这是制度化生活方式内化的关键。首先,从教育内容来看,制度德育要充分彻底地阐释制度的道德特性,这是道德主体认同制度并自觉将制度转化为制度化生活方式的前提。制度与道德的合力如何,往往决定了人们对制度德育的认同程度。制度德育要从制度的形式之维与实质规定两方面考察制度的规范性与道德性,为制度德育的合理性正名。其次,从教育方式来看,对制度德育的阐释或宣传要以道德主体喜闻乐见的形式来展开,如问题讨论式、情景模拟式、案例分析式、潜移默化式,在此基础上,使其被道德主体所认可。最后,从教育目的来看,制度德育应以道德个体与道德共同体的德性生长为衡量标准。制度之所在,存道德生长之所需。任何将制度与道德割裂开来的德育理念都存在着违背制度化生活方式的意图,都是对制度涂层的诠释。制度德育是以制度为横轴、以道德生长为纵轴搭建起来的,用以描述制度与道德如何共生共谋的德育理念与德育实践。提高制度德育的实效性,把德性生长融入其中,是恰适的战略布局。因为道德个体与道德共同体的德性生长作为现实化的价值愿景,是对制度精神与制度意识的有力诠释,可以使制度德育保持长久的生命力、吸引力与凝聚力。

其三,制度德育要增强制度执行力,形成稳定的制度化行为模式,把德育制度的理论力量转化为道德主体自觉践行德育制度的行动力量,这是"制度化生活方式内化"这一目标最鲜明的体现与最有力的表达。基于此,制度德育才能落地生根,实现理论与实践的有机结合。当然,制度化行为模式的形成过程不仅复杂而且往往艰难,很多情况下,这一过程要历经较长时间与持续努力。首先,制度德育要强化制度执行力,治理制度真空乱象,使适用于道德生活的制度"动起来""活起来",发挥其应有的价值与效能。当然,强化制度执行力并不代表强行推广道德制度,而是为了提高以制度来化解道德困境的现实能力。"以法治的力量维护道德、凝聚人心。"[①] 其次,制度德育要以道德主体自由自觉的

---

① 《新时代公民道德建设实施纲要》,北京:人民出版社,2019 年版,第 23 页。

制度化行为为标尺。道德主体在制度德育的引领下能够切实认识到非制度化行为的弊端,筑牢抵制非制度化行为的防线,在善与正义的制度范围内实现主体性力量。最后,制度德育要一以贯之地推进道德主体的制度化行为,使其确保稳定性,避免暂时的投机取巧。透视制度化行为与制度意识的内在关联,我们可以发现,一时的制度化行为并不能说明道德主体的制度意识与制度精神,持久的、稳定的、连续的常态化与制度化行为才能为"制度化生活方式的内化"作合理辩护。

6.4 环境建构:构建家庭、学校与社会德育大环境

人是关系性的存在。家庭、学校与社会都围绕对"人是关系性的存在"这一命题的证明与实现而展开,都被打上深深的关系性烙印,这是道德教育共同体化的发展离不开家庭、学校与社会这三个育人场域的关键。换言之,道德教育需要在家庭、学校与社会等环境中进行,不重视环境建构,共同体化的道德教育将是乏力的、徒劳的。就家庭层面而言,家庭德育应以平等的亲子关系为出发点,注重父母与子女的平等协商;要求父母双方共同承担起对子女的教育责任;要求子女实现作为德育客体与德育主体的统一。就学校层面而言,学校德育应助推学校成员的价值耦合,注重学校成员间交互关系的积极构建与在实践场域的同向同行。就社会层面而言,社会德育围绕社区德育、职场德育、网络德育等形式展开,应坚持道德关切的普遍化,通过强化社会资本与社会联结度,旨在推进社会向道德共同体的有机转化。

6.4.1 家庭命运共同体的德育构建

就家庭与社会共同体的关系而言,家庭构成了最基本的社会结构或者说社会合作单元。学会如何与家人相处,是学会如何与社会共同体成员相处的前提。可以说,家庭从产生之日起,就存在血浓于水的亲情关系,就具有浓厚的合作与信任情结。信任半径在家庭内部的辐射广度远远大于家庭外部。历史和现实中诸多家族企业的盛行则是对家庭信任关系的有力证明。当然,从古至今,这种浓烈的情结并非固定不变。"大断裂"时代加剧了家庭的分裂与家庭成员的互损。离婚、家庭暴力、生育率低、亲子关系的紧张等家庭破裂现象层出不穷。事实上,家庭环境的好坏直接影响了个体品行的优劣,进而影响了社会环境的

好坏。无数个犯罪案件表明,犯罪分子常常存在家庭环境的不健全与家庭关系的淡漠问题。卢梭将家庭成员的亲密关系视为对罪恶的最佳解毒剂。家庭德育从狭义上讲主要是指父母对子女在人格、品格、道德行为等方面的影响。它作为道德教育的重要构成部分,发挥着优化家庭环境、将家庭成员间爱的情结加固的正向功能。当前,父母对子女成人成才的急切渴望导致的拔苗助长现象、子女对父母无法理解自己进而产生的叛逆现象导致了亲子关系的紧张,这激发了家庭德育的新一轮反思。从本质意义上说,家庭关系的积极维护、家庭命运共同体的构建是家庭德育需要思考的核心问题,也是道德教育的共同体化在家庭层面的重要着力点。

家庭德育应以平等的亲子关系为出发点,注重父母与子女的平等协商。"家庭教育以孩子获得幸福作为目标,但何为孩子的幸福又怎样实现孩子的幸福,家庭命运共同体中成员的观点不会始终相同。"[①] 简言之,幸福在不同的家庭成员间有着不同的界定标准。如何把握幸福的实质内涵并据此展开家庭德育,值得深长思之。一方面,从批判性维度来看,父母不应以"一切都是为了子女好""希望子女幸福"的名义去灌输自身的价值观,绑架子女的独立思想与行为,"执掌"子女自由独立的幸福生活。毋庸讳言,家庭德育从根本上看是一种养成性而非说教性的教育。包揽型的德育方式不仅无助于子女的健康幸福成长反而容易起副作用,最终与家庭德育的初衷大相径庭。这种不平等的家庭关系亟须得到根本性与彻底性的德育矫治。换言之,家庭德育应及时规避这种偏离幸福本质的错误方式。另一方面,从建设性维度来看,父母与子女应学会互相倾听、彼此理解、共同协商、共同成长,这是清除家庭掣肘、强化家庭联结、达成家庭共识、构建家庭命运共同体的关键一招。家庭成员的个体性存在决定了多样性是家庭生活的一个鲜明特征,也是家庭德育不容忽视的一点。父母与子女只有在了解对方之所需、尊重对方之所想所行的基础上才能赢得对方的认同与理解,达到一种双向成长的理想效果。

家庭德育要求父母双方共同承担起对子女的教育责任,任何一方的缺失都不能有效地发挥家庭德育应有的效能。在家庭关系中,母亲的感性、与子女天

---

① 任荣:《家庭命运共同体的构建与家庭教育目标的实现》,《湖南社会科学》,2019 年第 01 期,第 162 页。

然的基因相连性、对子女倍加呵护的不求回报性使其在家庭事务中、在对子女的陪伴与教育中往往比父亲付出更多的时间与精力,家庭德育也往往成为母亲一方的独角戏。福山认为:"女性不得不比男性付出更多的生物学家所谓的'亲代投资'(parental investment)。"[①] 父子之间的伦理连接、生活连接相较母子而言本质上就相对脆弱。更有甚者,流动儿童、留守儿童常常面临家庭德育的双缺位现象,进而出现道德认知的薄弱、道德情感的淡漠、道德行为的脱轨与家庭环境的价值破裂现象。基于此,一方面,父母双方应将重心聚焦于对子女的共同教育与陪伴,让子女感受到来自家庭共同体的关爱。父亲应认识到"自己在外打拼、为子女提供经济保障就是对子女的负责"观念的片面性与工具性。"世界卫生组织研究发现,每天和父亲相处两个小时以上的孩子往往智商更高,男孩子看上去更坚毅,女孩成人后更懂得与异性交往。"[②] 父母双方各自的性格特点决定了其对子女的道德教育方式与教育内容存在相互补充、相互完善的作用。另一方面,父母双方在德育理念方面应保持一定的一致性与统一性,就对子女的德育方式达成较为一致的建设性意见,避免对子女施加零散的、杂乱无章的德育影响。

家庭德育要求子女实现作为德育客体与德育主体的统一,在内化德育规范时,自觉发挥主体性。子女是家庭命运共同体构建中必不可少的力量。子女作为家庭德育的对象,有着在潜移默化的德育影响下实现幸福美好生活的目标使命与内在动力。父母与子女作为主体性存在,他们的双向互动是家庭德育的核心线索。不难发现,家庭德育常常存在这样一种现象,即父母与子女存在严重的不平衡,子女在享受父母德育滋养、接受父母德育教化的同时,减弱甚至忘却了对父母的德育反哺。"生养孩子毕竟意味着父母对孩子进行资源的纯粹单向输送。"[③] 同样,教育孩子在多数情况下也意味着一种单向的、不平衡的资源输送。子女如何实现反哺,如何发挥自身的主观能动性来实现父母正向的价值期

---

① [美]弗朗西斯·福山:《大断裂:人类本性与社会秩序的重建》,唐磊译,桂林:广西师范大学出版社,2015 年版,第 101 页。

② 任荣:《家庭命运共同体的构建与家庭教育目标的实现》,《湖南社会科学》,2019 年第 01 期,第 161 页。

③ [美]弗朗西斯·福山:《大断裂:人类本性与社会秩序的重建》,唐磊译,桂林:广西师范大学出版社,2015 年版,第 97 页。

待,给予父母充分的价值回报,同样是家庭德育需要关注的重点。一方面,子女应改变理所应当的单向接受理念。另一方面,子女应具备将德育价值期待转化为道德行为的勇气、将父母给予的伦理关爱回馈给父母的实践力量。

6.4.2　学校共同体的德育构建

就学校与社会共同体的关系而言,学校是社会共同体的基本预演,是道德个体迈向社会的必要准备。与家庭德育相类似,在学校德育场域中,道德个体作为有限的存在者,他者总是"不请自来"地进入自我的生活。学会如何与老师、同学相处,是学会如何与社会共同体成员相处的前提。沃伦·本尼斯曾说:"在人类组织中,愿景是唯一最有力的、最具激励性的因素。它可以把不同的人联结在一起。"[①] 借由共同发展、共同进步的价值愿景,学校成为道德教育实现共同体化的重要场域。学校共同体在凝聚师生力量、团结师生情感与确立共同的价值信念、塑造基于价值理性的互惠结构方面所发挥的作用越大,恰恰表明道德教育的共同体化越丰富、越完整。然而,学校在其运行发展的过程中存在诸多价值偏离、关系淡化与共同体意识淡薄现象,如教师以科研为中心而非以学生为中心、学生为成为社会所需的"有用人才"各自而战、互相竞争等。这些私利的考量将不同的道德个体拉扯到不同的方向,导向个人主义的泥潭,违背了学校共同体的应有之义。从本质意义上说,学校关系的积极维护、学校共同体的有效构建、师生对学校共同体的积极体认与自觉践履是学校德育需要思考的核心问题,也是道德教育的共同体化在学校层面的重要着力点。

学校德育应助推学校成员的价值耦合。在学校德育场域中,教师与学生都作为道德主体而存在,立德树人这一德育事业与德育使命事关教师与学生的共同命运,并以共同体之善为基本遵循,以师生共同的价值信念为强力黏合剂。首先,确立立德树人这一共同的价值目标,搭建师生共同为之努力的平台,这是学校德育的逻辑重心。共同的目标引发共同的努力,教师与学生正是将立德树人这一学校德育使命的实现作为自身的责任来积极承担,才聚合起共同体的力量,各有分工、互相助力,共同谱写学校德育的新篇章。漠视、轻视立德树人之于道德教育共同体化的重要性,学校的运转会失去轴心,更遑论师生、生生

---

① [美]戴维·W·约翰逊:《领导合作型学校》,唐宗清译,上海:上海教育出版社,2003年版,第52页。

的同心同德。其次,学校德育应围绕社会主义核心价值观而展开,发挥社会主义核心价值观的意识形态功能,将社会主义核心价值观嵌套在师生的校园生活中来凝聚共识、占领意识形态高地、帮助师生适应并形成特定的文化习惯、强化师生的价值认同感、促进道德意识的有序和谐。如果学校德育承认不可公度的善,整个德育场域就会变成相对主义的阵地,失去强有力的价值支撑,引发价值失序、失范现象。最后,也是最为根本的,学校德育应在尊重个体差异性的基础上,打破道德壁垒,打捞被遮蔽的共同体精神,推进价值耦合,形塑基于共同体之善的价值共同体,这是学校德育之所以为共同体化添砖加瓦的根本缘由。

学校德育应注重学校成员间交互关系的积极构建。师生关系与生生关系是学校德育的两对基本关系,关系的内在质料与紧密度关涉学校德育的未来发展前景,更关涉每一个学校成员的未来发展境遇。正因如此,学校德育才更需强调主体间交互关系的根本确立。一方面,学校德育要兼顾教师的主导地位与学生的主体地位。过于强调教师的主导地位,容易导致一言堂的课堂样态,引发学生的自然冷漠。发挥学生的主体性,变灌输式教学为参与式教学,由道德知识的独白式讲述到道德观念的对话式探索,是近年来学校德育的一大转型。将这一转型继续推进,实现对异化疏离的师生关系的内在超越,是学校德育向共同体化迈进的必要环节。另一方面,学校德育以学习共同体为基础推进道德共同体的构建,让师生交往与生生交往以合乎道德的方式进行。学习共同体是学校最基本、最常见的合作单元。师生之间、生生之间为了完成某一团队任务、通过某一德育测评结成学习共同体,然而,学习共同体的功用远不止于此,实现向道德共同体、责任共同体的过渡,构建持久稳定的道德关系,促进师生之间、生生之间真诚、友好、持久的交往与互动是其逐步向深层次拓展的重要目标。

学校德育应注重学校成员在实践场域的同向同行。学校德育的使命与任务在实践中确立、证成、发展并实现。恩格斯指出:"许多人协作,许多力量融合为一个总的力量,用马克思的话来说,就产生'新力量'。"[1] 这种新的力量比单个个体的力量更聚焦、更具有凝聚性与穿透力,就其本质来说,这是实践共同体的力量,是道德教育共同体化的归宿点与落脚点。一方面,从"育人"角度讲,学校德育要构建协同育人体系,建立实践育人共同体,充分挖掘任课教师、辅导

---

[1]《马克思恩格斯文集》(第9卷),北京:人民出版社,2009年版,第133-134页。

员、班主任等校内育人资源与政府、企业、社区等校外育人资源,实现全员育人的理想目标。另一方面,从"成人"角度讲,学校应坚持理论德育与实践养成相结合的原则,有选择地开展德育活动,不再囿于知性的德育范式,在实践中丰富学生的情感体验,架构起德育通往日常生活的桥梁,如敬老院关爱老人活动、义务支教活动、献爱心活动等社会服务活动。当然,这些丰富多彩的活动绝非走过场的形式主义。在正确的价值指引下,通过活动的策划、发起、实施与评价等环节,调动学生彼此合作的积极性、互相信任的真诚性与关爱他人的责任心。

6.4.3 社会生活共同体的德育建构

社会生活共同体是比家庭共同体与学校共同体更大范围、更为普遍、更具整全性的存在,是对"人是一切社会关系的总和"这一命题的最有力证明,每个社会个体都离不开社会生活共同体的有效支撑,社会生活共同体决定了人的基本生存样态。社会生活共同体的这一特性决定了它是道德教育实现共同体化的宏观场域。离开社会生活共同体谈道德教育的共同体化,无任何有效性与价值性可言。社会德育作为整个德育体系的宏观保障,是家庭德育与学校德育的横向延展,辐射的主体范围更广、涉及内涵更为复杂、实现难度更大,肩负着培育与建构社会生活共同体的重任。在社会德育场域中,德育目标与德育内容具有鲜明的时代性与社会性。基于此,社会德育发挥着回应时代问题,培育时代新人,促进道德个体有机互动、互联互通的重要功用。当前,社会交往的频繁与社会关系的淡漠成为人们在社会生活中面临的一种矛盾现象,这引发社会德育的不断反思。社会德育应起于社会生活共同体,经由社会生活共同体,促使共同体成员的互助友爱。具体来说,调动一切可以调动的社会力量,化解社会层面的道德危机与道德冲突,巩固和睦友好的道德关系,将社会成员之间的工具交往、物质交往转化为道德交往、精神交往,促进社会生活共同体的积极构建,是社会德育为推进共同体化的确立所肩负的重要任务。

从教育对象来讲,社会德育应坚持道德关切的普遍化,满足人民日益增长的美好生活需要。只有着眼于广大人民群众的发展立场,得到广大人民群众的认可与支持,社会德育才有立根之本。面临道德素养参差不齐、公正缺失的社会困境,道德关切的普遍化已成为当务之急。一方面,社会德育要坚持平等公正的原则,以最广大人民的根本利益为本,尊重每一个道德个体对于幸福美好生活的需要,激励每一个道德个体追寻有意义的精神生活,不排斥、不忽视甚至要更为重视弱势群体的道德呼求与获取美好生活的权利。事实上,旨在满足每个道德个体对于美好生活需要的社会德育,它的开展所产生的结果与影响必然能够为广大人民群众所接受。另一方面,社会德育的生命力在于为广大人民群众提供德福一致的道德信念,使每一个个体感受到知德行德的必要性、可能性以及重要性,获取德福一致、德得一致的信心,在此基础上,使人们自觉践行相互尊重、互助友爱的道德准则,理解、认同并支持社会德育的有效开展。"善恶因果、德福一致、德得相通是任何道德形而上学和伦理精神体系的'预定和谐'和终极理想。"① 利他性的道德行为从其根本意义上说,必然导致个体幸福与共同体幸福的获致。为每一个道德个体找到道德与幸福的普遍关联,建立二者在人们的共同生活中关联的必然机制,是社会德育自成目的性的关键。

从教育目的来讲,社会德育通过强化社会资本与社会联结度,旨在推进社会向道德共同体的有机转化,实现社会的自我革新与对"道德的人与不道德的社会"的批判与超越,在自我的积极扩张与社会的质性提升中取得平衡。在很大程度上可以说,社会发展的箭头能否向上就取决于其向社会生活共同体转化的成功与否。从总体上来看,社会德育应以社会主义核心价值观为指引,以合乎道德的社会交往为旨归,实现个体善与共同体之善的价值统一。具体来说,在个体方面,社会德育应以道德个体的"成人"(特别是成为具有民主意识与平等观念,对他者的处境拥有充足的想象力、对他者的痛苦抱有最大程度的同情、具有责任心与使命感的人)为目标。在社会方面,社会德育反对将道德关系的淡漠看作是社会发展的"自然"事实,认为这种状况完全是无视关系性的善的必然结果。基于此,社会德育应厘清"社会"与"共同体"的本质区别,构筑社会通往社会生活共同体的价值桥梁,捍卫由道德个体共同经营、共同建构的关系性的善,以社会生活共同体的价值确立为目标,推进社会交往的道德化,巩固社会生活共同体的信任纽带。

从教育场域来讲,"思想政治教育的公共化,要求尽可能通过公共物品的提供,拓展思想政治教育资源领域,丰富资源类型和样式。"② 公共环境(广场、

---

① 樊浩:《道德世界:"预定的和谐"——以黑格尔道德哲学为学术资源的研究》,《南京政治学院学报》,2006 年第 01 期,第 7 页。

② 戴锐:《思想政治教育的公共化转型》,《马克思主义与现实》,2013 年第 01 期,第 193 页。

园林、建筑、公共艺术等等)、具有教育意义的纪念地等具有增进德育功能的潜在空间。社会德育以公共政治环境、公共经济环境与公共文化环境等公共空间为媒介,关注人们的生存状况,主要围绕社区德育、职场德育、网络德育等形式展开。当前,人们的社会际遇与社会交往主要呈现于社区、工作单位与网络等场域。社会德育的主要任务在于在社区、职场与网络场域中深刻把握道德关系之于共同生活的影响、积极建构互助友爱的社会生活共同体。首先,建设文明、和谐、友爱的社区,培育居民的互助情感。"社区具有巨大的教育影响,不论在学习合作和相互支援方面,还是在可能以更深入的方式积极学习公民的权利与义务方面,都是如此。"① 当前,社区成为人们生活的主要场所。面临"社区冷漠症"的治理问题,社会德育应丰富社区居民的道德能力与道德情感,鼓励居民通过对社区公共性活动的广泛参与形成良好的公共生活方式,养成以公共理性为核心的公共性品质。简言之,"加强社区治理,应积极培育社区居民的社区精神,增强社区居民对社区的认同感和归属感。"② 其次,加强工作单位的精神文明建设,凝练工作单位的核心价值观,培养职员的共同体意识,以职业道德带动更大范围的共同体道德。最后,净化网络社会环境,营造良好的网络空间,强化网络团结。互联网时代的到来重新唤醒了人们的共同体情结,为原子个体提供了交流观点、关心他者、进行网络沟通的可能。社会德育应引领网络共同体的积极发展,将网络的形式狂欢转化为网络主体的积极互动。

---

① 国际 21 世纪教育委员会:《教育:财富蕴藏其中》,北京:教育科学出版社,1996 年版,第 97 页。
② 张垚,叶帆:《把社区建设成和谐的社会生活共同体——关于城市社区治理的研究综述》,《人民日报》2012 年 02 月 08 日,第 7 版。

结　语

　　中国特色社会主义进入新时代，加强公民道德建设、提高全社会道德水平，是适应我国社会主要矛盾变化、满足人民对美好生活向往的迫切需要。道德教育共同体化，是以共同体精神或公共人为培养目标的新型道德教育，为新时代公民道德建设提供助益。它通过道德教育使人们涵养以共同体精神为核心的公共性品质，让受教育者积极参与共同体生活，不仅关心他者，更拥有对社会、国家的积极关切。在利己主义思潮中，道德关系裂变。随着人际关系的复杂化与利益交往的频繁化，人与人的相互防范被冠以自我持存的名义。在把他人当作与自己竞争地位、金钱、资源等外在条件的假想敌时，道德个体甚至陷入萨特所说的"他人即是地狱"的道德危险中。人与人之间的社会关系呈现为在人之外和凌驾于人之上的实在。马克思在关于商品拜物教的学说里对此有过出色的说明。此外，有些"好人"只停留在自己的道德世界中，并不注重对共同体的道德关照，对公共事务以及所要承担的公共责任也持一种与自己无关的消极态度，使得丹尼尔·贝尔阐述的"道德的人与不道德的社会"成为道德生活的一种状态。道德教育由个体化向共同体化的转向由此被看作是一个艰难、持久的过程。道德教育的共同体化甚至被视为虚无缥缈的存在。这种认识很大程度上源于人们仅仅把道德教育的共同体化视为一种高高在上、遥不可及的"理想"。然而，道德教育的共同体化涵盖着为他人的责任伦理，却并不鼓吹绝对利他的道德理念。作为一种可实现的道德理想，它有着重要的价值指引意义，体现了理想与现实、感性与理性的统一。

　　道德教育的共同体化勾勒了"我为他人的存在"以及"他人为我的存在"相统一的价值图景，以行为的互助性为中介，以关系性的善的构建为鹄的，体现了人之为人的意义感。具体来说,道德教育肩负着立德树人的重要使命,共同体化的道德教育以此为基础,旨在化育个体,促成人的自由全面发展与社会自由全面发展的双向整合。每个道德个体都有提升德性、参与公益事业、在自爱与他爱的平衡系统中积极生活的机会、权利与责任。正是这种对个体德性与社会共同体有序发展的共同关照、对共生性存在的意义预设、对正义、不失公允的价值立场的持续坚守构成了共同体化的内生基础,明确了道德教育发展的未来前景,也是学者对其进行深入研究的价值所在。

道德教育的共同体化蕴含着一种和谐互助的情感态度,具有丰富的情感感染力。人是有所需要、有所依赖的存在者。相互关怀、同情和信任之类的社会情感是人之为人的一个本质特征与基本功能能力,是弥补孤独的个体之脆弱性的重要渠道,是道德教育共同体化的内生动力。共同体化的道德教育以人们对真善美的向往与追求为基础,致力于对互助和谐式道德关系的有机构建,表达大多数人对共同的美好生活的真实诉求,为人们提供丰富多样的生命活动,并对道德个体的脱嵌、道德关系的淡漠与道德相对主义的泛滥展开批判。它立足于友爱的情感维度,将道德互助视为人类真善的背景条件,旨在将道德个体间有机团结的情感力量转化为新型道德共同体创建的现实力量,与人们的日常生活有着密切的关联。从中可以看出,我们所要做的不是一种对德育向度的形上研究,而是关涉人们共同生活、彰显道德情感、融入人们心灵的现实研究。

人类社会存在着广泛的依恋或依赖。大到人类命运共同体的构建,小到家庭共同体的确立,都需要道德教育实现由个体化向共同体化的转向,肩负起将道德个体"化育"为有责任、有担当的时代新人的重任。若没有共同的目的和一种共享的生活,人就无法想象自己会活得好,社会也无法呈现出得体的样貌。复杂多样的个性在稳定的共同性中得到恰适的价值安顿。道德教育共同体化的意义不仅在于它能够激励我们在面对道德冷漠的泥沼时,秉持对正义与善的追求,还在于指引我们在现实与理想的差距甚至割裂中,以真诚的道德交往、关爱他者的实际行动诠释互助友爱的道德关系,回应个体化的时代问题,实现共享的好的生活,构建良好的道德秩序。

新时代,为应对个体化的发展困境,共同体正在扮演着日益重要的角色,共同体热成为各行各业的发展新样态。一方面,共同体形态"花样百出",共同体之于人的发展意义得到高度重视,道德共同体作为共同体的集中表达,发挥着巩固道德秩序、塑造新的道德面貌、抨击道德相对主义、消解个体化困境的作用，是达成"共同体化"状态的背景条件。许多初看起来不可驾驭的道德冲突本身是能够用道德共同体的规范性指引来超越的。另一方面，共同体意识淡薄成为人们无法回避的客观事实，有交往、无理性的道德关系作为道德冷漠的变相表达，依然无法弥补隐形的道德断裂。面对这一时代难题，我们需要深入道德共同体的本质内涵，深入互助式道德关系的真实面貌中去考察。在学校、家庭与社会层面，道德教育的共同体化重视对道德个体、道德关系的"化育"，对共同体热与共同体意识薄弱的割裂现象进行反思与批判，将积极的道德关系从异化状态中解放出来，促使人们从对道德共同体的外在热衷走向内在创建，消解工具理性对道德交往的侵蚀，增强人们的道德认同，实现真诚的道德沟通与互相为对方好的道德信任。

参考文献

国外著作类：

[1] 马克思恩格斯文集（1-10 卷）[M]．北京：人民出版社，2009．

[2] 马克思恩格斯全集（第 46 卷）[M]．北京：人民出版社，1979．

[3] ［德］马克斯•韦伯．经济与社会（上）[M]．林荣远译．北京：商务印书馆，1997．

[4] ［德］斐迪南•滕尼斯．共同体与社会[M]．林荣远译．北京：商务印书馆，1999．

[5] ［英］齐格蒙特•鲍曼．全球化[M]．郭国良，徐建华译．北京：商务印书馆，2013．

[6] ［英］齐格蒙特•鲍曼．生活在碎片之中——论后现代道德[M]．郁建兴，周俊，周莹译．上海：学林出版社，2002．

[7] ［英］齐格蒙特•鲍曼．流动的现代性[M]．欧阳景根译．上海：上海三联书，2002．

[8] ［英］齐格蒙特•鲍曼．共同体[M]．欧阳景根译．南京：江苏人民出版社，2003．

[9] ［英］吉登斯．现代性与自我认同：晚期现代中的自我与社会[M]．夏璐译．北京：中国人民大学出版社，2016．

[10] ［德］乌尔里希•贝克．风险社会：新的现代性之路[M]．张文杰，何博闻译．南京：译林出版社，2018．

[11] ［德］乌尔里希•贝克．个体化[M]．李荣山译．北京：北京大学出版社，2011．

[12] ［英］伯纳德•威廉斯．道德运气[M]．徐向东译．上海：上海译文出版社，

2007.

[13] [德]伊曼努尔•康德. 历史理性批判文集[M]. 何兆武译. 北京:商务印书馆,1990.

[14] [法]萨特. 存在主义是一种人道主义[M]. 周煦良,汤永宽译. 上海:上海译文出版社,2012.

[15] [古希腊]亚里士多德. 尼各马可伦理学[M]. 廖申白译. 北京:商务印书馆,2003.

[16] [美]阿拉斯戴尔•麦金太尔. 追寻美德 道德理论研究[M]. 宋继杰译. 南京:译林出版社,2011.

[17] [美]阿拉斯戴尔•麦金太尔. 依赖性的理性动物:人类为什么需要德性[M]. 刘玮译. 南京:译林出版社,2013.

[18] [英]阿拉斯戴尔•麦金太尔. 伦理学简史[M]. 龚群译. 北京:商务印书馆,2003.

[19] [法]埃米尔•涂尔干. 道德教育[M]. 陈光金,沈杰,朱谐汉译. 上海:上海人民出版社,2006.

[20] [法]埃米尔•涂尔干. 社会分工论[M]. 渠东译. 上海:生活•读书•新知三联书店,2013.

[21] [美]约翰•杜威. 民主主义与教育[M]. 王承绪译. 北京:人民教育出版社,2001.

[22] [美]约翰•杜威. 学校与社会•明日之学校[M]. 赵祥麟,任钟印,吴志宏译. 北京:人民教育出版社,2005.

[23] [德]诺贝特•埃利亚斯. 个体的社会[M]. 翟三江,陆兴华译. 上海:译林出版社,2003.

[24] [德]尤尔根•哈贝马斯. 包容他者[M]. 曹卫东译. 上海:上海人民出版社,2002.

[25] [德]尤尔根•哈贝马斯. 后形而上学思想[M]. 曹卫东等译. 南京:译林出版社,2001.

[26] [法]伊曼努尔•列维纳斯. 塔木德四讲(上)[M]. 关宝艳译. 北京:商务印书馆,2002.

[27] [德]阿克塞尔•霍耐特. 为承认而斗争[M]. 胡继华译. 上海:上海人民出版社,2005.

[28] [美]杜维明. 儒家思想新论. 创造性转换的自我[M]. 曹幼华译. 南京：江苏人民出版社,1995.

[29] [英]戴维·布莱克莱吉,巴里·亨特. 当代教育社会学流派 对教育的社会学解释[M]. 王波等译. 北京：春秋出版社,1980.

[30] [俄]别尔嘉耶夫. 论人的奴役与自由[M]. 张百春译. 上海：上海人民出版社,2019.

[31] [英]齐尔格特·鲍曼. 通过社会学去思考[M]. 高华译. 北京：社会科学文献出版社,2002.

[32] [美]塞瑞娜·潘琳. 阿伦特与现代性的挑战[M]. 张云龙译. 南京：江苏人民出版社,2012.

[33] [加]克里夫·贝克. 学会过美好生活——人的价值世界[M]. 詹万生等译. 北京：中央编译出版社,1997.

[34] [法]茨维坦·托多罗夫. 共同的生活[M]. 林泉喜译. 上海：华东师范大学出版社,2017.

[35] [德]马丁·海德格尔. 存在与时间[M]. 陈嘉映等译. 北京：生活·读书·新知三联书店,2006.

[36] [美]罗兰·罗伯森. 全球化：社会理论和全球文化[M]. 梁光严译. 上海：上海人民出版社,2000.

[37] [美]弗朗西斯·福山. 大断裂：人类本性与社会秩序的重建[M]. 唐磊译. 桂林：广西师范大学出版社,2015.

[38] [法]埃德加·莫兰. 伦理[M]. 于硕译. 上海：学林出版社,2017.

[39] [英]怀特海. 教育的目的[M]. 徐汝舟译. 北京：生活·读书·新知三联书店,2002.

[40] [英]大卫·休谟. 人性论[M]. 关文运译. 北京：商务印书馆,1980.

[41] [美]内尔·诺丁斯. 学会关心：教育的另一种模式[M]. 于天龙译. 北京：教育科学出版社,2015.

[42] [美]戴维·W·约翰逊. 领导合作型学校[M]. 唐宗清译. 上海：上海教育出版社,2003.

[43] [美]恩格尔哈特. 生命伦理学的基础[M]. 范瑞平译. 长沙：湖南科学技术出版社,1996.

[44] [美]莱茵霍尔德·尼布尔. 道德的人与不道德的社会[M]. 蒋庆等译. 贵

阳：贵州人民出版社，2009.

[45][美]乔治·H. 米德. 心灵、自我与社会[M]. 赵月瑟译. 上海：上海译文出版社，2018.

[46][法]让-雅克·卢梭. 社会契约论[M]. 何兆武译. 北京：商务印书馆，2010.

[47][法]让-雅克·卢梭. 爱弥儿（上卷）[M]. 李平沤译. 北京：商务印书馆，2010.

[48][英]以赛亚·伯林. 自由论[M]. 胡传胜译. 南京：译林出版社，2003.

[49][美]迈克尔·桑德尔. 自由主义与正义的局限[M]. 万俊人等译. 南京：译林出版社，2001.

[50][美]本尼迪克特·安德森. 想象的共同体[M]. 吴叡人译. 上海：上海人民出版社，2016.

国内著作类：

[1] 李志. 马克思的个人概念[M]. 北京：人民出版社，2014.

[2] 胡寅寅. 走向"真正的共同体"马克思共同体思想的致思逻辑研究[M]. 哈尔滨：哈尔滨工程大学出版社，2016.

[3] 洪波. 马克思个人理论的整体性与当代性研究[M]. 杭州：浙江大学出版社，2015.

[4] 张立达. 对象化和人的生存矛盾[M]. 上海：上海三联书店，2011.

[5] 陶日贵. 鲍曼"流动的现代性"思想研究[M]. 南昌：江西人民出版社，2016.

[6] 阎云翔. 中国社会的个体化[M]. 上海：上海译文出版社，2012.

[7] 阎云翔，龚晓夏译. 私人生活的变革：一个中国村庄里的爱情、家庭与亲密关系：1949-1999[M]. 上海：上海书店出版社，2006.

[8] 刘海江. 马克思实践共同体思想研究[M]. 北京：中国社会科学出版社，2016.

[9] 王小章. 从"自由或共同体"到"自由的共同体"：马克思的现代性批判与重构[M]. 北京：中国人民大学出版社，2014.

[10] 张康之，张乾友. 共同体的进化[M]. 北京：中国社会科学出版社，2012.

[11] 肖川. 主体性道德人格教育[M]. 北京：北京师范大学出版社，2002.

[12] 张伟. 从分裂到融合的个体道德与公共伦理[M]. 南京:南京大学出版社, 2014.

[13] 吴潜涛. 论公共伦理与公德[M]. 武汉:湖北人民出版社, 2008.

[14] 杨清荣. 公共生活伦理研究 以中国的社会转型为背景[M]. 北京:人民出版社, 2016.

[15] 秦树理. 公民道德导论[M]. 郑州:郑州大学出版社, 2008.

[16] 田秀云. 社会道德与个体道德[M]. 北京:人民出版社, 2004.

[17] 王伟忠. 当代大学生道德社会化问题研究[M]. 杭州:浙江大学出版社, 2016.

[18] 覃青必. 论道德自由[M]. 北京:光明日报出版社, 2012.

[19] 严开宏. 价值多元与道德教育[M]. 福州:福建教育出版社, 2016.

[20] 严从根. 在正当与有效之间 社会转型期的道德教育[M]. 杭州:浙江大学出版社, 2017.

[21] 刘志琴. 公私观念与中国社会[M]. 北京:中国人民大学出版社, 2003.

[22] 顾红亮,刘晓虹. 想象个人:中国个人观的现代转型[M]. 上海:上海古籍出版社, 2006.

[23] 孙少平. 新中国德育五十年[M]. 福州:福建教育出版社, 2002.

[24] 张夫伟. 道德选择与道德教育的现代性危机[M]. 北京:中国社会科学出版社, 2014.

[25] 高绍君. 意义与自由 一种人的超越性研究[M]. 长沙:湖南人民出版社, 2005.

[26] 宋希仁. 西方伦理思想史[M]. 北京:中国人民大学出版社, 2016.

[27] 孙庆斌. 列维纳斯:为他人的伦理诉求[M]. 湘潭:湘潭大学出版社, 2009.

[28] 杜时忠. 人文教育与制度德育[M]. 合肥:安徽教育出版社, 2012.

[29] 蓝维. 公民教育:理论、历史与实践探索[M]. 北京:人民出版社, 2007.

[30] 高德胜. 生活德育论[M]. 北京:人民出版社, 2005.

[31] 邹小华. 后物欲时代的精神困境与道德教育[M]. 南昌:江西人民出版社, 2012.

[32] 许锋华. 共生道德教育论[M]. 武汉:华中师范大学出版社, 2012.

[33] 吴先伍. 他者伦理视野中的道德教育[M]. 上海:上海三联书店, 2019.

[34] 李喜英. 中国道德教育的现代转型与重构[M]. 合肥：安徽人民出版社，2007.

[35] 彭未名. 交往德育论[M]. 太原：山西教育出版社，2005.

[36] 任大川. 道德困境与超越——精神、秩序及私欲[M]. 南昌：江西人民出版社，2011.

[37] 龚长宇. 道德社会学引论[M]. 北京：中国人民大学出版社，2012.

[38] 郑富兴. 责任与对话 学校道德教育的现代性思考[M]. 北京：中国社会科学出版社，2011.

[39] 周兴国. 公民德性教育：历史、观念与行动[M]. 合肥：安徽教育出版社，2013.

[40] 金生鈜. 教育与正义——教育正义的哲学想象[M]. 福州：福建教育出版社，2012.

[41] 颜岩. 个性自由与道德责任——布达佩斯学派社会批判理论研究[M]. 哈尔滨：黑龙江大学出版社，2014.

[42] 周先进. 学会关心：教学价值观的反思与重建[M]. 北京：教育科学出版社，2012.

[43] 王东莉. 德育人文关怀论[M]. 北京：中国社会科学出版社，2005.

[44] 戚如强. 思想政治教育社会整合论[M]. 上海：上海三联书店，2015.

[45] 高德胜. 道德教育的时代遭遇[M]. 北京：教育科学出版社，2008.

[46] 朱光磊. 对话儒学：中国当代公共道德建设的文化视野[M]. 北京：中国社会科学出版社，2018.

[47] 宫瑜. 交往理性与道德共识——哈贝马斯话语伦理学研究[M]. 北京：中国社会科学出版社，2017.

[48] 韩桥生. 道德价值共识论[M]. 北京：人民出版社，2015.

[49] 李丽娟，蔡桂珍. 多元与融合：当代大学生道德共识培育研究[M]. 北京：世界知识出版社，2019.

[50] 陈红梅. 教育共同体视域下学校与社区互动的研究——基于现代学校制度建设的思考[M]. 武汉：华中科技大学出版社，2015.

期刊论文类：

[1] 池忠军. 社区至社会生活共同体化的规范性分析[J]. 社会主义研究，2010

（8）：64-68.

[2] 姜方炳. 共同体化：城市社区治理的功能性转向——走出社区治理困境的一种可能思路[J]. 中共天津市委党校学报，2015（2）：74-81.

[3] 王明. 个体化进程中学校道德教育的内在困境——基于个体与社会关系的视角[J]. 中国教育学刊，2016（2）：85-89.

[4] 郑富兴. 个体化社会的道德教育问题[J]. 华东师范大学学报（教育科学版），2011（4）：1-7.

[5] 李林燕. 个体化进程中的公民道德——基于江苏省抽样调查的分析[J]. 东南大学学报（哲学社会科学版），2015（1）：42-48.

[6] 揭芳. 从"友爱"到"友善"——儒家友德与社会"个体化"的道德问题救治[J]. 云南社会科学，2015（2）：40-46.

[7] 李荣荣. 从"为自己而活"到"利他个体主义"——乌尔里希·贝克个体化理论中的一种道德可能[J]. 学海，2014（2）：106-111.

[8] 龚浩宇，龚长宇. 道德共同体的现代建构——基于滕尼斯《共同体与社会》的阐释[J]. 道德与文明，2017（6）：134-139.

[9] 张乾友. 寻找他在性：道德共同体的建构逻辑[J]. 天津社会科学，2015（2）：56-62.

[10] 易小明，王波. 共同体不能承载德性之重——对当代共同体主义德性生成论的一种分析[J]. 天津社会科学，2014（3）：52-55.

[11] 庞楠. 共同体与公民德性——麦金太尔共同体主义视域下的德性伦理观[J]. 前言，2011（15）：69-73.

[12] 陈越骅. 伦理共同体何以可能——试论其理论维度上的演变及现代困境[J]. 道德与文明，2012（1）：39-44.

[13] 曹锦清，张贯磊. 道德共同体与理想社会：涂尔干社会理论的再分析[J]. 中南民族大学学报（人文社会科学版），2018（1）：119-124.

[14] 张盾. 马克思政治哲学中的个人原则与社会原则[J]. 中国社会科学，2013（8）：4-21.

[15] 宋晶，周同. 主体性道德人格教育：社会转型语境下学校德育的诉求[J]. 现代教育，2012（2）：27-30.

[16] 王俊. 关注个体道德需要：提高道德教育有效性的支点[J]. 现代大学教

育,2004(2):68-70.

[17] 聂文军. 试论我国现当代社会中个体道德实践的选择性行善[J]. 吉首大学学报,2017(4):89-94.

[18] 易晓明. 个体、群体、类——人的三重属性统一理论作为一种研究方法[J]. 天津社会科学,2007(1):49-51.

[19] 徐保风. 道德个体社会化的双重路径[J]. 中南林业科技大学学报(社会科学版),2008(9):5-8.

[20] 王洁. 个体道德需要探微[J]. 江苏大学学报(高教研究版),2005(6):39-43.

[21] 袁德公,孙旭. 论现代社会道德教育实施的基础及三重路径[J]. 吉首大学学报(社会科学版),2017(12):26-28.

[22] 范李明. 双重道德权威的失落与重建——基于公民教育的视角[J]. 教育评论,2015(8):99-101.

[23] 卢风. 道德的相对性与道德的权威[J]. 道德与文明,2014(1):5-11.

[24] 姚大志. 道德自由的两个原则[J]. 吉林大学社会科学学报,2018(6):125-132.

[25] 宋晔,李明. 守望道德教育的神圣性——困境、溯源与出路[J]. 东北师大学报(哲学社会科学版),2018(5):166-172.

[26] 李天琦. 论思想品德课中的"自爱"教育[J]. 思想政治课教学,2013(9):8-11.

[27] 黄志军. 历史唯物主义关于未来共同体的构想[J]. 马克思主义与现实,2018(3):63-67.

[28] 冯建军,方朵. 公民视野中的责任教育[J]. 高等教育研究,2017(7):23-30.

[29] 洪波. 个体与共同体关系:历史唯物主义的隐性主体向度[J]. 苏州大学学报(哲学社会科学版),2017(4):42-47.

[30] 陈浩. 论共同体包容个体自由之限度——以黑格尔的"主观自由"概念为例[J]. 清华大学学报(哲学社会科学版),2015(4):108-118.

[31] 田道敏. 亚里士多德"城邦优先于个体论"的共同体主义阐释[J]. 江西社会科学,2015(5):45-50.

[32] 杨赟,高力克. 社群主义对自由主义的三大批判[J]. 浙江社会科学,2018(3):54-60.

[33] 沈永福,马晓颖. 论西方社群主义对个人主义的批判[J]. 思想理论教育, 2014(8):20-26.

[34] 冯建军. 社群主义公民身份与公民教育[J]. 社会科学战线,2013(11): 202-209.

[35] 姚大志. 社群主义和共同体的限度[J]. 江苏社会科学,2013(2):67-72.

[36] 樊浩. 道德之"民"的诞生[J]. 道德与文明,2014(2):10-23.

[37] 陈伟. 道德自由的诠释及其维度考察[J]. 求索,2010(3):109-111.

[38] 程肇基,谢旭慧. 道德自由——关于道德教育的定向[J]. 高等师范教育研究,2003(2):30-34.

[39] 张元. 网络虚拟社会的道德困境与道德建构[J]. 理论月刊,2017(9): 158-163.

[40] 罗春洪. 迪尔凯姆的道德整合社会思想及其启示[J]. 江西社会科学, 2016(5):18-24.

[41] 郁乐. 社会转型中的规范缺位与评价错位——关于"道德滑坡论"的理性反思[J]. 伦理学研究,2014(2):18-22.

[42] 王伟忠. 时代语境下大学生道德社会化的路径[J]. 中国青年社会科学, 2015(4):45-50.

[43] 王芳. 涂尔干与杜威道德教育思想比较及其启示[J]. 教育探索,2014 (11):155-157.

[44] 张彦. 论价值排序与当代道德教育模式之创新[J]. 云梦学刊,2015(4): 61-66.

[45] 彭红艳. 基于道德主体能力培养的大学生道德教育创新论析[J]. 思想理论教育导刊,2017(5):136-138.

[46] 陈连珠. 转型期社会主体性道德的缺失与重构[J]. 中共福建省委党校学报,2015(11):24-29.

[47] 辛治洋. 从"合作意识"到"集体意识":当代德育目标的应然转变[J]. 教育研究与实验,2017(6):14-20.

[48] 唐琳. 高校"微德育"新方式探析[J]. 中国高等教育,2017(12):46-47.

[49] 戚万学. 论公共精神的培育[J]. 教育研究,2017(11):28-32.

[50] 仇珊华. 公共精神:公德的价值之维[J]. 道德与文明,2017(3):97-101.

[51] 叶方兴. 公民品格:一种存在论的澄明[J]. 理论与改革,2016(11):13-18.

[52] 陈玮. 在个体善和城邦善之间——亚里士多德论伦理学和政治学[J]. 浙江社会科学, 2016(7): 46-53.

[53] 熊晓琼. 个体善与城邦善之间的统一如何可能——基于亚里士多德的讨论[J]. 天津社会科学. 2009, (6): 32-36.

[54] 孙亚君. 论个体主义环境伦理学的根本分歧——功利论、权利论与道义论的"道德考量性"辨析[J]. 自然辩证法研究, 2018(8): 38-44.

[55] 宋晔, 牛宇帆. 道德自觉. 文化认同. 共同理想——当代道德教育的逻辑进路[J]. 教育研究, 2018(8): 36-42.

[56] 郭淑豪, 程亮. 从义务的道德到超义务的道德——重审学校德育的层次性[J]. 中国教育学刊, 2017(2): 89-94.

[57] 石寅. 价值个体主义背景下道德价值共识的重建——兼对社会主义核心价值观出场的哲学解读[J]. 云南社会科学, 2016(1): 29-33.

[58] 曹艳春. 依附与抗拒: 相互制约中的学生道德发展[J]. 教育理论与实践, 2016(28): 48-51.

[59] 邓黎, 张澍军. 反思与重构: 基于现代道德发展困境的思考[J]. 思想教育研究, 2018(2): 42-46.

[60] 贺来. 价值个体主义与道德合理性基础的重构[J]. 吉林大学社会科学学报, 2005(2): 80-88.

学位论文类:

[1] 孔凡建. 论德育共同体的建构及其走向[D]. 徐州: 中国矿业大学, 2015.

[2] 邵晓军. 马克思主义"人学"视域下思想政治教育社会化问题研究[D]. 西安: 西安科技大学, 2013.

[3] 金家新. 政治社会化取向的大学生公民道德教育研究[D]. 重庆: 西南大学, 2013.

[4] 李月. 个体化社会下的大学生道德责任培育研究[D]. 徐州: 中国矿业大学, 2017.

[5] 金颜. 当代中国社会道德冷漠治理向度研究[D]. 西安: 陕西师范大学, 2017.

[6] 李科. 当代大学生社会公德认同及其提升研究[D]. 成都: 西南交通大学,

2017.

[7] 王雅丽. 当代中国公共精神研究[D]. 北京:清华大学,2016.

[8] 丰琰. 人的公共性的哲学思考[D]. 北京:中共中央党校,2016.

[9] 方新文. 对话德育论[D]. 石家庄:河北师范大学,2011.

[10] 刘爱国. 中国公共人的成长逻辑[D]. 武汉:武汉大学,2014.

外文文献类:

[1] Banks, James A. The Routledge International Companion to Multicultural Education[M]. New York:Routledge,2009.

[2] Lickona, T. Educating for Character:How Our Schools Can Teach Respect and Responsibility[M]. New York:Bantam Books,1991.

[3] Yi-Lin Chen. A Missing Piece of the Contemporary Character Education Puzzle:The Individualisation of Moral Character[J]. Studies in Philosophy & Education, Vol. 32, Issue 4,2013.

[4] Poulter, Saila. From Citizenship of God's Kingdom to Liberal Individualism? A Critical Historical Analysis of Finnish Religious Education [J]. British Journal of Religious Education, Vol. 39, Issue 2,2017.

[5] Letki, Natalia. Investigating the Roots of Civic Morality:Trust, Social Capital, and Institutional Performance[J]. Political Behavior, Vol. 28, Issue 4,2006.

[6] Smith, Stacy. Morality, Civics, and Citizenship:Values and Virtues in Modern Democracies[J]. Educational Theory, Vol. 50, Issue 3,2000.

[7] Scanlon, Thomas M. Individual Morality and the Morality of Institutions[J]. Filozofija i Drustvo, Vol. 27, Issue 1,2016.

[8] Jones, Thomas M. ;Ryan, Lori Verstegen. The Effect of Organizational Forces on Individual Morality:Judgment, Moral Approbation, and Behavior[J]. Business Ethics Quarterly, Vol. 8, Issue 3,1998.

[9] Zimmerman, Michael. Strawson or Straw Man? More on Moral Responsibility and the Moral Community[J]. Journal of Ethics, Vol. 21, Issue3, 2017.

[10] De Mesel, Benjamin. Moral Responsibility and the Moral Community:Another Reply to Zimmerman[J]. Journal of Ethics, Vol. 22, Issue1, 2018.